MYTHOS

Guía ilustrada de mitología griega

Carlota Santos

SOMOS B

INDEX

Prólogo

μῦθος (mûthos), masc. -2a.: palabra, conversación, narración, historia, leyenda.

El mito clásico ha estado en constante diálogo con autores y artistas durante miles de años. Desde los textos fundamentales de Homero, Hesíodo y Eurípides, o Virgilio, Ovidio y Catulo, hemos visto cómo los temas relacionados con la Antigua Grecia y Roma se hacen presentes en todo tipo de textos literarios. La obra de Carlota Santos lleva esto aún más lejos, pues entiende la innegable presencia de los clásicos en el mundo que nos rodea y pone cara a cara lo geográfico con lo mítico, lo religioso con lo arquitectónico y a las personas con el origen de sus leyendas individuales.

En este libro —repleto de ilustraciones bellísimas y cautivadoras— se exploran y comparan nombres muy conocidos como el de Zeus, Medusa o Jasón, entre muchísimos otros. Es una riqueza incalculable de mapas, dibujos, árboles genealógicos y explicaciones concisas en una recopilación ordenada con esmero de relatos, cronologías y genealogías que de otra forma podrían resultar confusas.

En mis propios estudios he podido apreciar la atemporalidad de los mitos clásicos, a menudo ambientados en la oscuridad y lo etéreo y, sin embargo, con mensajes subyacentes que siguen tan vigentes hoy en día como hace dos mil años. Las personalidades de los dioses y héroes son puras y completas, y sus historias, a menudo complicadas, se interrelacionan de maneras curiosas. En cualquier caso, despojarlos del plano celestial y mitológico proporciona un grado de objetividad desde el que el lector moderno puede establecer comparaciones con el presente. Veremos sus rasgos positivos, como el ingenio, el fuerte liderazgo o las proezas físicas, atributos asociados con nuestras ideas de los héroes clásicos como Odiseo,

Agamenón o Aquiles. Y, sin embargo, también son parte integral de sus caracteres defectos como la hipocresía, el egoísmo y la crueldad. A Zeus se le concede su lugar celestial al frente de los dioses olímpicos, pero este es moderado por sus conquistas amorosas, ensombrecidas por la explotación sexual y el sufrimiento. También hay una indiferencia y crueldad abyecta en la forma en la que los dioses tratan la vida humana. Veremos, pues, en este accesible volumen un rico tapiz de relaciones entre personajes inmortales, semidivinos y mortales, y disfrutaremos haciendo infinitas conexiones y profundizando en nuestros intereses específicos sobre ellas.

Los mundos de la Grecia y la Roma antiguas se solaparon con muchas otras naciones y culturas; Carlota nos guía en esta travesía con una obra que devuelve la vida a aventuras antiguas, que nos recuerdan que nuestra época no es única en lo que a diversidad e interconexión se refiere, pues los sentimientos y emociones fundamentales son los mismos. En estos tiempos cambiantes, resulta tranquilizador poder mirar al pasado para encontrar respuestas etiológicas a nuestras complicadas preguntas.

Ojalá viajar por estas páginas te inspire a mirar a tu alrededor con nuevos ojos. Ojalá te permita llegar a conclusiones y paralelismos con sucesos de tu vida, con libros que has leído y con pensamientos que albergas. Puedes adentrarte en esta obra aunque no tengas conocimientos clásicos sin que eso suponga un perjuicio; al contrario, es una introducción perfecta a este mundo infinitamente relevante y atractivo. Carlota consigue sintetizar buena parte de la poesía y el teatro antiguos con una escritura amena y accesible. Nos llevará —como una especie de Virgilio que guía al Dante lector— a través de este mundo de mitos y leyendas tanto helénicas como romanas, y acabaremos este libro con un nivel extraordinario de conocimiento y comprensión de los fundamentos culturales del mundo clásico.

TOM MCCLEERY, estudioso de Literatura Clásica
en la Universidad de Oxford

Invocación
a las musas

Háblame, musa, de los dioses y los héroes inmortales de la antigua Grecia. Comparte conmigo las crónicas de Zeus, el rey de los dioses, y Atenea, la sagaz diosa de la guerra y la sabiduría. Descubre los enigmas que habitan en las turbias profundidades del mar, entre reinos y altas montañas, donde monstruos y criaturas mitológicas están al acecho.

Ilumina mi camino con sagas eternas de amor, traición y venganza que han resistido los estragos del tiempo, e inspírame a resucitarlas de nuevo a través del arte de las ilustraciones y la prosa. Concédeme tu divina voz, oh, musa, y otórganos el privilegio de sumergirnos en el cautivador reino de la mitología griega a través del encantamiento de *Mythos*.

Conceptos generales

Antes de adentrarnos en el fascinante mundo de la mitología griega, es recomendable que el lector se familiarice con algunos conceptos clave para comprender la perspectiva helénica sobre su mitología y su percepción de la vida y el universo. Los conceptos que debemos tener en cuenta son los siguientes:

- **Mitos:** los mitos son historias que relatan los orígenes del cosmos, los dioses y los seres humanos. Cada cultura tiene sus propios mitos, estrechamente entrelazados con la religión, la tradición y la magia. Son esenciales para comprender una sociedad y una cultura, y suelen transmitirse de manera oral de generación en generación.
- **Los dioses del Olimpo:** los griegos practicaban un culto politeísta y, aunque tenían numerosas deidades, el panteón principal estaba formado por los dioses que habitaban el monte Olimpo. Los dioses y las diosas olímpicos son las figuras centrales de la mitología griega. Hay catorce dioses olímpicos, liderados por Zeus, el rey de los dioses. Cada dios y diosa tiene su propia personalidad, atributos y poderes, formando una compleja jerarquía divina.
- **Héroes:** los héroes son figuras mortales que han sido elevadas al estado de semidioses debido a hazañas excepcionales. Algunos de los héroes más famosos de la mitología griega son Perseo, Teseo y Heracles. Estos son fruto de la unión entre un dios y un mortal.
- **Criaturas míticas:** la mitología griega está repleta de criaturas fantásticas y monstruosas, desde las temibles gorgonas hasta el sabio centauro Quirón. Estas criaturas suelen tener un simbolismo significativo y representan la ferocidad y el poder de la naturaleza.
- **Enseñanza:** la mitología griega tiene una función también didáctica. Por ejemplo, la historia de Narciso y Eco ilustra los peligros del narcisismo y el egoísmo, mientras que la historia de Ícaro advierte de la arrogancia y la desobediencia.
- **Destino y tragedia:** la mitología griega también está imbuida de la noción de destino y la inevitabilidad de la tragedia. Las historias de Edipo, Jasón, Medea y Aquiles ilustran cómo los designios divinos pueden conducir a la caída y la muerte a pesar de los repetidos intentos de los mortales de cambiar su destino, como se describe en varios mitos que pronto descubriremos juntos.

CAPÍTULO I

ENTRE MONTAÑAS CELESTES Y MARES INFINITOS

En este primer capítulo, exploraremos
quiénes eran los antiguos griegos, su contexto
y la importancia del mar en su civilización
y sus mitos.

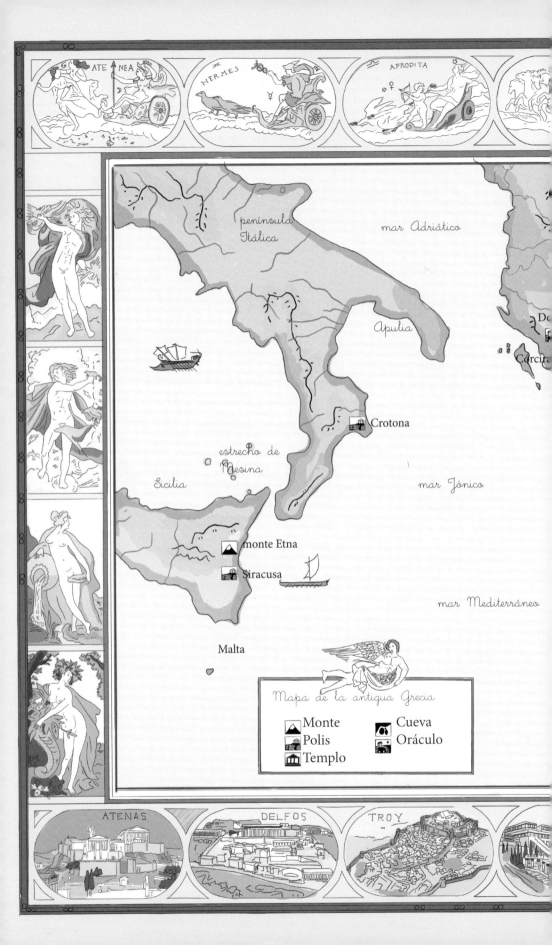

ATENEA

HERMES

AFRODITA

península
Itálica

mar Adriático

Apulia

Córcira

Crotona

estrecho de
Mesina

mar Jónico

Sicilia

monte Etna

Siracusa

mar Mediterráneo

Malta

Mapa de la antigua Grecia

Monte
Polis
Templo

Cueva
Oráculo

ATENAS

DELFOS

TROY

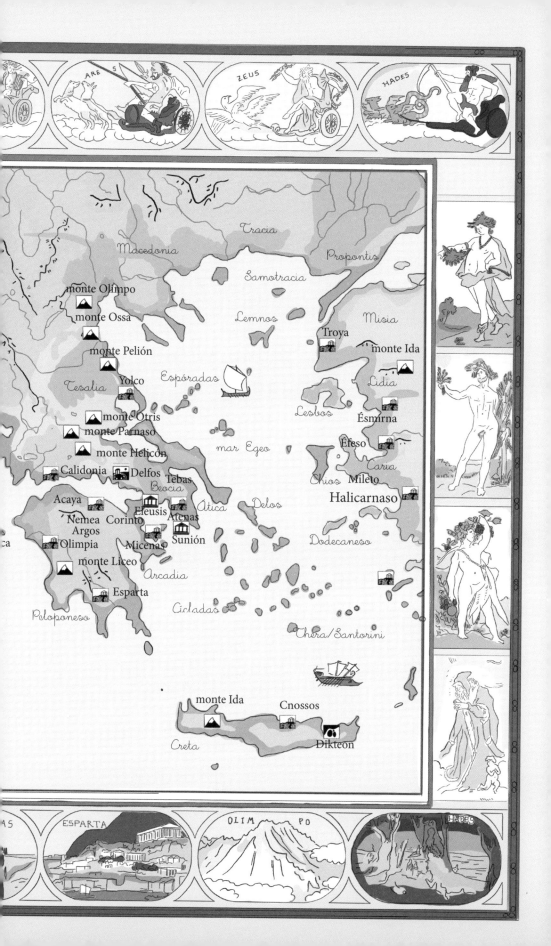

ARES
ZEUS
HADES

Tracia

Macedonia

Propontis

Samotracia

monte Olimpo

Lemnos

Misia

monte Ossa

Troya

monte Ida

monte Pelión

Espóradas

Lidia

Tesalia

Yolco

Lesbos

Ésmirna

monte Otris

monte Parnaso

Éfeso

monte Helicón

mar Egeo

Caria

Calidonia

Delfos

Chios

Mileto

Tebas

Halicarnaso

Beocia

Acaya

Ática

Delos

Eleusis

Atenas

Nemea

Corinto

Dodecaneso

Argos

Olimpia

Sunión

Micenas

monte Liceo

Arcadia

Esparta

Cícladas

Peloponeso

Thera/Santorini

monte Ida

Cnossos

Creta

Dikteon

ESPARTA

OLIMPO

HADES

La cosmovisión griega y su influencia en la cultura occidental

Vamos a adentrarnos en la mitología griega, primero, conociendo la cultura donde se desarrolló y su contexto, para entender hasta qué punto eran importantes para ellos sus dioses, mitos y héroes.

La civilización griega debido a su contexto geográfico fue fundamentalmente marítima y estableció múltiples relaciones comerciales con otros pueblos. La ubicación de Grecia en el cruce de Europa, Asia y África así se lo permitió. La geografía fragmentada de Grecia en pequeñas islas también contribuyó a la formación de ciudades-Estado independientes conocidas como polis, que fueron los principales centros de gobierno y cultura. Así, podemos decir que los griegos, o helenos, poseían un sentido de pueblo común formalizado a través de su lengua, religión y, en definitiva, cultura, pero también mantenían disputas entre las propias polis como territorios independientes. Cada polis tenía sus propias idiosincrasias, así como su dios patrón. Por ejemplo, Atenea era la diosa patrona de Atenas, como veremos próximamente en el mito de la fundación de la ciudad ateniense.

La historia de la civilización griega se divide en cuatro periodos:

– La Edad Oscura (siglos XII-VIII a. C.) es un periodo caracterizado por la falta de información y evidencia concreta en comparación con periodos posteriores de la historia griega.

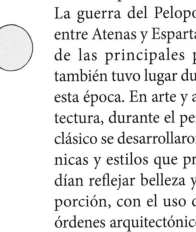

– Durante el periodo arcaico (siglos VIII-VI a. C.) las ciudades-Estado griegas (polis) comenzaron a surgir y a fundar colonias en el Mediterráneo. Hubo un florecimiento cultural y se establecieron las bases de la democracia ateniense. Artísticamente, este periodo vio el desarrollo de *kouroi* y *korai*, esculturas arcaicas identificables por su rigidez y sonrisa homónima (sonrisa arcaica). En arquitectura, durante este periodo surgió el orden arquitectónico más simple: el dórico.

– El periodo clásico (siglos V-IV a. C.) se caracteriza por el apogeo de la cultura griega. Atenas se convirtió en un destacado centro cultural y político, y figuras notables como Sócrates, Platón y Aristóteles surgieron en el campo de la filosofía. La guerra del Peloponeso entre Atenas y Esparta, dos de las principales polis, también tuvo lugar durante esta época. En arte y arquitectura, durante el periodo clásico se desarrollaron técnicas y estilos que pretendían reflejar belleza y proporción, con el uso de los órdenes arquitectónicos jónico y corintio junto con el dórico en diversos templos y palacios, muchos de los cuales sobreviven hasta nuestros días.

– El periodo helenístico (siglos IV-I a. C.) siguió a las conquistas de Alejandro Magno y significó la expansión de la cultura griega por los vastos territorios de su imperio. El periodo helenístico fue testigo de una mezcla de culturas griega, persa, egipcia y otras, lo que dio como resultado una rica síntesis artística e intelectual que también fijó las bases que los romanos utilizarían para dar forma a su imperio más adelante.

Las polis griegas

En la antigua Grecia, las polis (ciudades-Estado) eran comunidades políticas y sociales autónomas que funcionaban independientemente. Cada una contaba con su propio gobierno, leyes e instituciones. Eran el centro de la vida política, social y cultural en la antigua Grecia.

A menudo se encontraban en colinas o cerca de la costa por motivos defensivos. Cada polis tenía un área urbana central con edificios públicos, plazas, mercados y templos, rodeada por tierras agrícolas y, en algunos casos, murallas defensivas. En estas páginas y en el mapa veremos algunas de las más influyentes.

Atenas: fue una de las polis más influyentes y poderosas en la antigua Grecia. Es conocida por ser la cuna de la democracia, así como por su énfasis en la educación, la filosofía, y por su producción artística y cultural. Atenas es famosa por figuras como Sócrates, Platón y Aristóteles y por algunos de sus monumentos icónicos como el Partenón. Su diosa patrona era Atenea, tal como veremos en el mito de la fundación de Atenas. Atenas alcanzó su máximo esplendor en el siglo V a. C., conocido como «la Atenas de Pericles». Cécrope fue el primer rey de Atenas según la mitología.

Esparta: fue una polis militarizada centrada en la disciplina y el entrenamiento de los hombres. Valoraban sobremanera la disciplina, la lealtad y la obediencia, y tenían una sociedad altamente jerárquica y estricta. Esparta era conocida por su destreza militar y sus soldados de élite, los espartanos.

Tebas: fue una polis ubicada en Beocia y destacó en el periodo clásico por su importancia política y militar. Tebas desempeñó un papel significativo en la guerra contra los persas. Además, es conocida por ser el lugar de nacimiento de personajes famosos de la mitología griega, como Edipo. Tebas era famosa por sus siete puertas, mencionadas por autores como Homero y Hesíodo. Cadmo fue su fundador según la mitología.

Micenas: fue una antigua ciudad fortificada en la región del Peloponeso y fue el centro de la poderosa civilización micénica. Según la mitología, el rey Agamenón, líder de los griegos en la guerra de Troya, gobernaba desde Micenas. Perseo se considera su fundador y primer rey.

 **Éfeso**: fue una ciudad griega en la costa de Asia Menor (actualmente parte de Turquía). Era conocida por su impresionante templo dedicado a la diosa Artemisa, una de las siete maravillas del mundo antiguo. Andoclo fue su primer monarca según la mitología. Éfeso aparece en varios mitos, y la representación de la Artemisa efesia, denominada Polimastia («de múltiples pechos»), puedes verla en la esquina superior derecha de la cubierta de este libro.

 **Corinto**: era una ciudad importante ubicada en el istmo de Corinto, lo que la convertía en un lugar estratégico, en un próspero centro comercial y en un puerto marítimo significativo. Además, Corinto se menciona en varias tragedias griegas y tenía su propio mito de fundación, relacionado con el rey Sísifo, hijo de Eolo y Enárete, célebre por su castigo en el Hades, obligado a subir eternamente una roca por una colina. Corinto en un primer momento fue conocida como Éufira.

 **Mileto**: fue una antigua ciudad en Asia Menor, conocida por su papel en el desarrollo de la filosofía y la ciencia. Tales de Mileto, uno de los siete sabios de la antigua Grecia, provenía de esta ciudad. La explicación mitológica de su fundación se relaciona con Mileto, que huyó de la isla de Creta.

 **Troya**: fue una antigua ciudad ubicada en la costa noroeste de Asia Menor (ahora Turquía) escenario de la legendaria guerra de Troya. Según la mitología griega, la ciudad fue asediada durante diez años por los griegos debido al rapto de Helena por el príncipe troyano Paris. Ilo fue su fundador.

 **Argos**: fue una antigua polis situada en la parte nordeste del Peloponeso. Cuenta con una rica historia mitológica y se consideraba una de las ciudades más antiguas de Grecia. Los héroes de la tragedia *Los siete contra Tebas* provenían de esta ciudad. Su primer rey mítico fue Ínaco.

Los Templos

Los templos fueron construcciones religiosas dedicadas a los diferentes dioses. Algunos de los principales templos de la antigua Grecia fueron:

Partenón: situado en lo alto de la acrópolis de Atenas, el Partenón estaba dedicado a la diosa Atenea, la deidad patrona de la ciudad. Se considera el templo más emblemático de la antigua Grecia y simboliza la arquitectura griega clásica. El Partenón sirvió como tesoro, lugar de culto y símbolo del poder y los logros artísticos de Atenas.

Templo de Apolo: ubicado en Delfos, el templo de Apolo era conocido como el centro del mundo griego antiguo. Funcionó como oráculo, donde la sacerdotisa o pitia entregaba profecías a personas que buscaban orientación. Peregrinos de toda Grecia consultaron el oráculo y entregaron ofrendas votivas, lo que lo convirtió en un importante sitio religioso y cultural.

Templo de Zeus: emplazado en Olimpia, el templo de Zeus estaba dedicado al rey de los dioses, Zeus. Albergaba una de las siete maravillas del mundo antiguo, la famosa estatua de Zeus, realizada por el escultor Fidias.

Templo de Hera: ubicado en la isla de Samos, el templo de Hera, conocido como el Hereo de Samos, honraba a la diosa homónima, la esposa de Zeus. Fue considerado uno de los santuarios más grandes e importantes de la antigua Grecia. El templo jugó un papel fundamental en el culto a Hera y albergó diversas ceremonias y festivales religiosos. Fue descrito por Heródoto, historiador y geógrafo griego, como «el mayor de los templos conocidos».

Templo de Poseidón: situado en el cabo Sunión, este templo estaba dedicado al dios del mar, Poseidón. Sirvió como lugar de culto y símbolo del poder marítimo. La ubicación estratégica del templo lo convirtió en un hito importante para los marineros. El templo original fue posiblemente destruido por el rey persa

Jerjes. El que se conserva actualmente es de orden dórico, del siglo v a. C.

Templo de Artemisa: ubicado en Éfeso (ahora en la actual Turquía), el templo de Artemisa fue una de las siete maravillas del mundo antiguo. Honraba a la diosa Artemisa, patrona de la ciudad. El templo era famoso por su grandeza y tamaño, y destacaba la representación de Artemisa Polimastia.*

Templo de Hefesto: emplazado en Atenas, el templo de Hefesto o Hefestión estaba dedicado al dios del fuego y la artesanía, Hefesto. Es uno de los templos griegos antiguos mejor conservados y constituye un testimonio de los logros arquitectónicos y artísticos de la época. El templo estaba estrechamente asociado con el trabajo del metal y la artesanía. También estaba estrechamente relacionado con Atenea, patrona de la ciudad de Atenas.

* Artemisa, diosa de la naturaleza virgen, es representada en ocasiones como Polimastia («de múltiples pechos») para simbolizar la fertilidad.

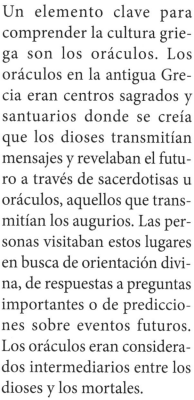

LOS ORÁCULOS

Un elemento clave para comprender la cultura griega son los oráculos. Los oráculos en la antigua Grecia eran centros sagrados y santuarios donde se creía que los dioses transmitían mensajes y revelaban el futuro a través de sacerdotisas u oráculos, aquellos que transmitían los augurios. Las personas visitaban estos lugares en busca de orientación divina, de respuestas a preguntas importantes o de predicciones sobre eventos futuros. Los oráculos eran considerados intermediarios entre los dioses y los mortales.

El oráculo de Delfos, ubicado en el santuario de Apolo en dicha ciudad, era el más famoso y venerado en la antigua Grecia. La sacerdotisa de Delfos, conocida como pitia, entraba en trance y ofrecía respuestas y profecías a aquellos que buscaban consejo. El oráculo de Delfos lo consultaban reyes, políticos y demás ciudadanos.

La figura central en el oráculo de Delfos era la ya mencionada pitia. Las pitias eran mujeres elegidas para ser las portavoces del dios Apolo y canalizar sus res-

puestas y profecías. Se creía que la pitia entraba en trance o posesión divina mientras respondía las preguntas de los consultantes. Durante este estado alterado de conciencia, podía pronunciar palabras incoherentes o realizar gestos extraños, y luego un sacerdote del templo interpretaba sus palabras y proporcionaba una respuesta al consultante.

La pitia se sentaba en un trípode en el *ádyton*, una cámara subterránea dentro del templo de Apolo, donde se creía que el dios le transmitía su sabiduría. Las consultas con el oráculo se llevaban a cabo a través de un ritual, y había sacerdotes y sacerdotisas responsables de supervisar y realizar los rituales necesarios.

El oráculo de Delfos desempeñó un papel significativo en la toma de decisiones políticas y militares en la antigua Grecia. Sus respuestas, a menudo ambiguas, eran interpretadas por los consultantes y podían influir en sus acciones. El oráculo se consideraba una autoridad sagrada y se consultaba para tomar las decisiones más cruciales.

La influencia del oráculo de Delfos se extendió duran-

te siglos, más concretamente desde el VIII a. C. hasta el IV d. C., cuando el cristianismo se adoptó como la religión oficial del Imperio romano y se prohibieron los oráculos paganos.

El oráculo de Dodona, ubicado cerca del río Aqueloo, estaba dedicado al dios Zeus, y se lo relacionaba con su árbol sagrado, el roble de Zeus. Este oráculo solo era superado en prestigio por el de Delfos, y Homero lo cita en su *Ilíada*. En este oráculo, las respuestas se obtenían a través de la interpretación de los sonidos y los movimientos de árboles sagrados y el vuelo de las aves. Su mito de fundación habla de dos palomas que volaron desde la ciudad de Tebas. Una se dirigió a Libia y la otra a Dodona. La segunda paloma expresó que se debía fundar un oráculo del dios Zeus. Este mito explica la unión entre los dos grandes oráculos a este dios, el de Dodona y el de Siwa, en Libia.

El oráculo de Olimpia se hallaba ubicado en la ciudad griega de Olimpia, al este del Peloponeso. Dedicado también al dios Zeus, fue el antiguo lugar de celebración asimismo de los Juegos

Olímpicos. En origen, este oráculo estaba atribuido a la diosa Gea, aunque más tarde se dedicaría a Zeus, pero no llegó a ser tan relevante como oráculo que como santuario.

MONTES Y MONTAÑAS

Numerosos accidentes geográficos fueron escenario también de mitos, que les otorgaban un sentido mitológico y religioso.

Monte Olimpo: es la montaña más famosa y sagrada de la mitología griega. Se consideraba el hogar de los dioses olímpicos, liderados por Zeus. Según la tradición, los dioses residían en la cima de la montaña y celebraban allí sus consejos y reuniones.

Monte Ida: ubicado en la isla de Creta, fue venerado como el lugar de nacimiento y crianza de Zeus. Según la leyenda, Zeus estuvo escondido allí de su padre, Cronos, y se crio bajo el cuidado de ninfas. Es escenario de otros muchos mitos.

Monte Otris: es el lugar desde donde los titanes lucha-

ron contra los dioses olímpicos en la Titanomaquia, tal como veremos en el capítulo siguiente sobre los mitos que dan origen al mundo griego.

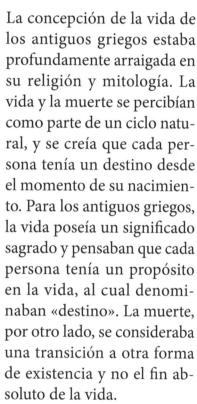

EL INFRAMUNDO

La concepción de la vida de los antiguos griegos estaba profundamente arraigada en su religión y mitología. La vida y la muerte se percibían como parte de un ciclo natural, y se creía que cada persona tenía un destino desde el momento de su nacimiento. Para los antiguos griegos, la vida poseía un significado sagrado y pensaban que cada persona tenía un propósito en la vida, al cual denominaban «destino». La muerte, por otro lado, se consideraba una transición a otra forma de existencia y no el fin absoluto de la vida.

La muerte en la antigua Grecia estaba asociada al inframundo, gobernado por el dios Hades y su esposa Perséfone. Se creía que cuando alguien moría, su alma viajaba al inframundo, donde se enfrentaba al juicio por sus acciones en vida. Si se consideraba que su alma había llevado una vida justa, se le permitía entrar en los Campos Elíseos, un lugar de descanso y paz eterna. Si se consideraba que el alma era malvada, sería condenada al Tártaro, un sitio de tormento sin fin.

Las moiras eran las diosas del destino en la mitología griega, y se pensaba que controlaban el destino de cada persona. Cada uno tenía un hilo de vida que las moiras tejían y cortaban cuando llegaba su último momento. El destino se consideraba inevitable e ineludible, moldeado por las elecciones y acciones de cada persona que irremediablemente le empujaban hacia lo que ya estaba decidido de antemano por los dioses.

En general, el concepto del inframundo y el papel del destino fueron partes destacadas de las creencias de la antigua Grecia y contaban con gran influencia en su arte, literatura y cotidianeidad.

El inframundo griego, o Hades, estaba dividido en varias partes, cada una bajo el mando de una deidad diferente, aunque Hades, el hermano de Zeus, era realmente el dios supremo del inframundo y gobernaba junto con su esposa, Perséfo-

ne. Ambos controlaban y protegían el reino de los muertos. El río Estigia fluía a través del inframundo, y los espíritus de los fallecidos debían cruzarlo para entrar en el Hades. Este río —o laguna, según la fuente consultada— del inframundo se creía que poseía poderes mágicos. Se decía que, si alguien bebía de sus aguas, olvidaba todo lo que había sucedido en su vida anterior. En la mitología, los dioses a menudo realizaban juramentos sagrados ante el río Estigia, ya que se creía que aquellos que rompían un juramento realizado ante sus aguas sufrirían un terrible castigo.

Además del río Estigia había otros que fluían en el inframundo, como el río Aqueronte, el Cocito, el Lete y el Flegetonte. También existían, como ya hemos mencionado, varias regiones en el inframundo, como el Tártaro, que servía como prisión para los peores criminales y los titanes encarcelados. El barquero Caronte era el responsable de llevar a los muertos, que debían pagarle monedas de oro, a través del río Estigia al reino de los muertos. Si alguien no podía pagar las monedas, se le negaba el acceso al reino de los muertos y debía vagar a lo largo de la orilla del río durante cien años. El rito funerario más común en la antigua Grecia era la cremación. Después de la muerte, el cuerpo del fallecido se llevaba a una pila funeraria y se acompañaba al muerto con monedas para poder pagar al barquero Caronte. Cerbero era el perro de tres cabezas que custodiaba la entrada al inframundo. Según la mitología, este can evitaba que los muertos escaparan del inframundo y también impedía que los vivos ingresaran. Era un feroz monstruo a menudo representado como una criatura aterradora con una serpiente en lugar de cola, pero su representación más habitual se identifica por las tres cabezas de un temible perro guardián.

El Tártaro era la parte más profunda del inframundo, donde los titanes fueron encarcelados después de la Titanomaquia. Este lugar estaba gobernado por el dios del mismo nombre.

El Érebo, en cambio, era la parte del inframundo en la que se creía que habitaban los muertos y estaba gobernada por Nix, la diosa de la noche.

Los Campos Elíseos era la zona a la que iban las almas virtuosas y heroicas después de la muerte. Era un lugar de descanso eterno y felicidad, y estaba gobernado por el dios Cratos. Por el contrario, los Prados Asfódelos eran el lugar del inframundo al que se destinaban las almas de la gente común después de la muerte.

LAS FUENTES

La mitología clásica ha sido un tema recurrente en la literatura desde hace siglos, y algunos de los escritores más importantes en este ámbito son Homero, Virgilio y Hesíodo. Cada uno de ellos escribió sobre la mitología clásica en diferentes momentos y lugares, y sus obras presentan múltiples similitudes, pero también distinciones y versiones diversas de varios mitos. Al final del libro, no obstante, puedes encontrar una amplia bibliografía.

Homero es uno de los escritores clásicos más conocidos y su obra más célebre es la *Ilíada*, que relata los acontecimientos finales de la guerra de Troya.

Homero

Hesíodo

La *Odisea*, otra de sus grandes obras, cuenta las aventuras del héroe Odiseo después de la guerra de Troya y su viaje de vuelta a casa. Ambas fueron escritas alrededor del siglo VIII a. C. en Grecia y se cree que fueron transmitidas oralmente antes de ser escritas: Esta es una de las teorías más populares, aunque algunos expertos también defienden que la complejidad de la *Odisea* muestra que debió de ser escrita por un único autor, Homero. Las obras de Homero están llenas de personajes heroicos, dioses y mitos que se han convertido en parte integral de la mitología clásica.

Hesíodo fue el autor de la *Teogonía*, una de las obras más importantes de la Antigüedad, donde podemos conocer los orígenes del mundo, los dioses y el Olimpo, así como una completa genealogía de los dioses. Algunos estudiosos consideran a Hesíodo coetáneo de Homero y de otros posterior a él. Esta última es la teoría más aceptada. Otra de sus principales obras es *Los trabajos y los días*.

Virgilio fue un poeta romano que escribió su obra más famosa, la *Eneida*, entre los años 29 y 19 a. C. La *Eneida* relata la historia del héroe Eneas y sus viajes desde la caída de Troya hasta su llegada a la península itálica, donde se asienta y se convierte en el antepasado mítico del pueblo romano. La obra de Virgilio se inspiró en la mitología griega y romana, y también incluye personajes heroicos y dioses. Sin embargo, a diferencia de Homero, Virgilio era romano y su objetivo con la creación de la *Eneida* era consolidar una justificación mitológica entre la cultura griega y la romana.

Ovidio, un poeta romano del siglo I d. C., es conocido por su obra *Metamorfosis*. En este extenso volumen, Ovidio relata una amplia variedad de historias mitológicas griegas y romanas, centrándose en las transformaciones de los dioses y los mortales que acontecen a lo largo de la mitología clásica. Además, en *Cartas de las heroínas* o *Heroidas*, nos da a conocer los pensamientos de algunas de las mujeres más relevantes de la mitología, como Penélope, Briseida o Dido.

Esopo en su obra *Fábulas* hace una recopilación de historias breves alegóricas que pretenden dar una enseñanza moral. Muchas siguen siendo muy conocidas hoy en día, como la de la cigarra y la hormiga o la del zorro y las uvas.

El teatro griego

En Atenas, durante el siglo VI a. C., surge el teatro, que contaba con una gran importancia social en la antigua Grecia y cuya invención ha sido tradicionalmente atribuida a Tespis, del que no conservamos ninguna obra.

Los tres dramaturgos griegos del siglo V a. C. son conocidos como los grandes trágicos griegos. Sus obras teatrales, como *La Orestíada* de Esquilo, *Edipo Rey* de Sófocles y *Medea* de Eurípides, entre muchas otras, presentan historias mitológicas y exploran los temas y los personajes de la mitología griega, donde el destino juega un papel fundamental.

Apolodoro fue un autor griego del siglo II a. C. Su obra *Biblioteca mitológica* es una recopilación exhaustiva de mitos y leyendas griegas, desde el origen del universo hasta la guerra de Troya. Proporciona una amplia gama de información sobre personajes, genealogías y eventos mitológicos.

Higino fue un autor y mitógrafo romano del siglo I d. C. Escribió sobre muchos saberes diferentes, entre otros, mitología, astrología, astronomía, ciencia, literatura e historia. En sus *Fábulas* recopila doscientos setenta y siete relatos cortos mitológicos.

El arte y la arquitectura en Grecia y su influencia en la cultura occidental

Tanto la mitología como el arte y la arquitectura griegos han sido fuente constante de inspiración para artistas a lo largo de los siglos.

La historia del arte y la arquitectura griega se divide generalmente en tres grandes etapas: el periodo arcaico, el clásico y el helenístico. Cada uno se caracteriza por estilos distintivos tanto en escultura como en arquitectura.

- Periodo arcaico (siglos VIII-VI a. C.): Durante esta etapa, las esculturas griegas eran predominantemente estilizadas y rígidas. Ejemplos notables incluyen el *kuros* y el *kore*, estatuas de jóvenes desnudos o vestidos que representan una transición entre la rigidez egipcia y el posterior naturalismo griego. Además, los templos arcaicos eran más pequeños y simples en comparación con los posteriores. El templo de Hera en Olimpia es un buen ejemplo de esta época.
- Periodo clásico (siglos V-IV a. C.): En esta etapa, las esculturas adquirieron mayor naturalismo y expresión. El escultor Fidias es uno de los más destacados de este periodo, y su obra maestra es la estatua de *Atenea Pártenos*, situada en el Partenón. En el periodo clásico, los templos eran más grandes y ornamentados, como el de Apolo en Delfos.
- Periodo helenístico (siglos IV-I a. C.): Las esculturas helenísticas eran más realistas y emocionales, y a menudo representaban momentos dramáticos. El *Laocoonte y sus hijos* cons-

tituye un ejemplo destacado, y la *Victoria de Samotracia* es una de mis favoritas y también muy conocida. Los templos helenísticos cuentan con elementos más ornamentados, como los capiteles con hojas de acanto, uno de sus elementos más característicos. Las hojas de acanto en los capiteles cuentan con su propio mito. Una joven de Corinto falleció y, después de sus ritos funerarios, su nodriza preparó una cesta repleta de las hojas de su planta favorita y la depositó en el sepulcro de la muchacha. Casualmente situó la cesta encima de un acanto y aseguró el canastillo con algunas tejas. Tiempo después, Calímaco pasó por el sepulcro y, al observar la curiosa forma en la que había crecido el acanto alrededor del canasto, se inspiró para diseñar unas columnas en Corinto.

El Partenón de Atenas

El Partenón, ubicado en la acrópolis de Atenas, es uno de los más famosos templos de la antigua Grecia. Fue construido entre 447 y 438 a. C., durante el apogeo de la democracia ateniense y bajo la supervisión de los arquitectos Ictino y Calícrates, y del escultor Fidias.

Se trata de un edificio períptero, rodeado completamente por columnas. Tiene ocho columnas en la fachada y diecisiete en los lados largos. El friso del Partenón muestra relieves narrativos que representan las Panateneas, importantes festivales en honor a Atenea.

El Partenón estaba adornado con numerosas esculturas, muchas de las cuales fueron obra de Fidias. La estatua principal en el interior era la *Atenea Pártenos*, una colosal escultura crisoelefantina, es decir, compuesta de marfil y oro. Las metopas del templo mostraban escenas mitológicas, mientras que el friso continuo alrededor de la naos representaba una procesión de ciudadanos atenienses y dioses. Se trata de uno de los templos más famosos del mundo, que sigue sobrecogiendo por su belleza y proporción.

El Partenón no solo es un templo, también era un símbolo de la relevancia y poder de la ciudad de Atenas. Representaba la dedicación de la ciudad a la diosa Atenea, la

protectora de Atenas. Además de su función religiosa, el Partenón también era un tesoro donde se almacenaban fondos para la Liga de Delos.*

A pesar de los daños causados por el tiempo y los eventos históricos, el Partenón sigue siendo un testimonio de la maestría arquitectónica y escultural de la antigua Grecia e inspiración para artistas y arquitectos.

Influencia en el arte

La influencia del arte y la mitología griega en la historia del arte occidental ha sido profunda y duradera. A lo largo de los siglos, los artistas occidentales han recurrido a la estética, los temas y los ideales presentes en la antigua Grecia como fuente de inspiración, e incluso como excusa para representar temas y figuras que se salían de la moral cristiana imperante en su tiempo.

* La Liga de Delos fue una asociación político-militar liderada por Atenas, que incluía numerosas ciudades-Estado griegas, entre 150 y 330, con el objetivo de luchar contra los persas en el siglo v a. C., en las guerras del Peloponeso.

Los órdenes arquitectónicos de los griegos —el dórico, el jónico y el corintio—han sido adoptados y ajustados en la arquitectura occidental y reinterpretados a lo largo de los siglos. Los romanos tomaron los principios de la arquitectura griega y la sublimaron con avances técnicos como la bóveda y el arco, que les permitieron alcanzar complejidades y espacios nunca vistos en Occidente.

Los temas mitológicos griegos también se han utilizado en la literatura, la música y el teatro occidentales a partir del Renacimiento, demostrando la permanencia de estas historias de la cultura helena.

Figuras y símbolos griegos, como la diosa Atenea (alegoría de la sabiduría), el laurel (la victoria) y el trípode (la inspiración poética), han sido utilizados en el arte occidental para transmitir significados y valores específicos. Algunos de ellos son iconos reconocibles y empleados en la actualidad, como la justicia, representada con una figura femenina que sostiene una balanza con los ojos vendados.

DÓRICO

JÓNICO

Fig. 3.

N.º 2.

N.º 3.

CORINTIO

1: *Kore*. 2: *Kuros*. 3, 6, 7, 13: Figuras de cerámica arcaicas. 4: *Moscóforo*. 5: Joya de ámbar. 8: Venus clásica. 9: Busto de Venu[s]
10: Máscara de Agamenón. 11: Hombre clásico. 12: *Discóbolo*. 14: Friso.

15: *Victoria de Samotracia* (helenística). 16: Afrodita sentada (helenística). 17: *Laocoonte y sus hijos* (helenística). 18: Eros y un cisne (helenística). 19: Joyas griegas del siglo v a. C. 20: Espejo de bronce.

CERÁMICA GRIEGA

CAPÍTULO II

DEL CAOS PRIMIGENIO A LA VICTORIA DIVINA

LA CREACIÓN DE LA HUMANIDAD

Prometeo y Pandora

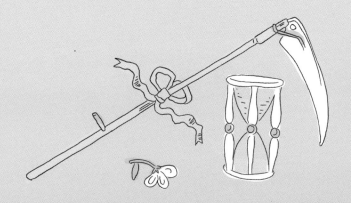

Caos

Hemera   Nix   Tártaro

Egidna   Tifón   Ponto

Euribia   Nereo   Forcis   Ceto   Taumante   Electra

Iris   Las arpías

Los cíclopes   Los hecatón

Los titanes

Crío   Mnemósine   Cronos   Rea   Temis   Ceo

Las musas

Let

Las horas

Las moiras

Hestia   Hades   Poseidón   Hera   Zeus   Déme

Atenea

Medusa   Pegaso   Persé

Crisaor Pegaso

Tritón Rodo Cimípolea Bentesicime   Ares   Ilitia   Hebe   Hefesto

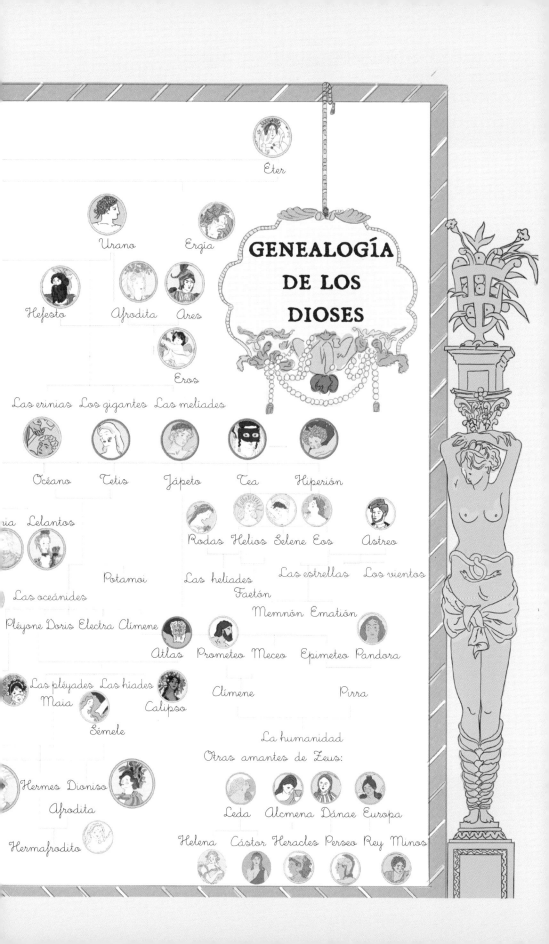

GENEALOGÍA DE LOS DIOSES

Éter

Urano

Ergia

Hefesto

Afrodita

Ares

Eros

Las erinias   Los gigantes   Las melíades

Océano   Tetis   Jápeto   Tea   Hiperión

ria   Lelantos

Rodas   Helios   Selene   Eos   Astreo

Potamoi   Las helíades   Las estrellas   Los vientos

Las oceánides   Faetón

Pléyone Doris Electra Clímene   Memnón Ematión

Atlas   Prometeo Meceo   Epimeteo Pandora

Las pléyades Las híades   Clímene   Pirra

Maia   Calipso

Sémele   La humanidad

Otras amantes de Zeus:

Hermes Dioniso

Afrodita   Leda   Alcmena Dánae Europa

Hermafrodito   Helena   Cástor Heracles Perseo Rey Minos

El caos primigenio.

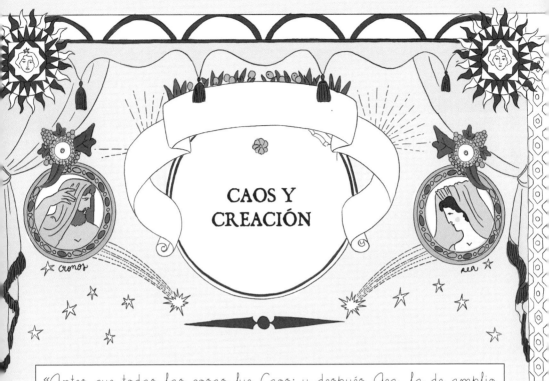

CAOS Y CREACIÓN

Cronos

Rea

Gaia, que se considera la madre de todos los dioses y la personificación de la Tierra, creó sola a Urano (el Cielo) para que la cubriera. De su unión nacieron los titanes: Océano, Ceo, Crío, Hiperión, Jápeto, Tea, Rea, Temis, Mnemósine, Febe, Tetis y Crono.

De ellos asimismo aparecieron los cíclopes (monstruos de un solo ojo) y los hecatónquiros (criaturas de cien brazos). Sin embargo, Urano, celoso de sus hijos, los mantuvo encerrados en el vientre de su madre Gaia. Esta, indignada por ello, decidió reunir a sus hijos, los titanes, para buscar una solución. Para ello creó una hoz y propuso a sus hijos

acabar con la vida de Urano. Crono asumió el liderazgo, aceptó el desafío y castró a su padre, liberando así a sus hermanos. De la sangre caída al mar tras esta castración surgió la bella Afrodita, diosa del amor y la belleza.

Crono se convirtió en el líder del universo y encerró a los cíclopes y a los hecatónquiros en las profundidades del Hades, en el Tártaro. Tomó a su hermana Rea como esposa, con quien tuvo a los dioses olímpicos: Hestia, Deméter, Hera, Hades, Poseidón y Zeus. Cuando Crono consiguió la victoria y se proclamó rey, desarrolló el mismo temor que su padre: ser destronado por alguno de sus hijos. Por ese motivo, cada vez que Rea daba a luz, Crono la obligaba a entregarle a la criatura para devorarla y evitar así en un futuro ser destronado por su descendencia. Sin embargo, al nacer Zeus, Rea, harta de esta situación, decidió engañar a su marido con una ingeniosa maniobra: le entregó a Crono una piedra del tamaño del bebé, haciendo así que este la devorara en lugar de al niño. Aparentemente, Crono se tragaba a sus hijos de un bocado, a oscuras y con cierta prisa, o tal vez estaba pensando en sus cosas, porque el titán no se percató del ardid de Gea y quedó satisfecho sabiendo que, una vez más, uno de sus hijos no llegaría a edad adulta y no lo destronaría.

Con esta estratagema, Rea consiguió salvar a su hijo y lo llevó a la isla de Creta para que creciera a salvo de su padre. La infancia de Zeus transcurrió de forma tranquila en la isla cretense. Escondió al niño Zeus en una cueva y las ninfas lo alimentaron con la leche de la legendaria cabra Amaltea. Los curetes, nueve divinidades muy antiguas, solían hacer ruido con sus armas cuando el bebé lloraba para que su padre no escuchara los llantos y, así, no se percatara de su existencia. La mayoría de las versiones sitúan la cueva en el monte Ida. Zeus creció de manera pacífica y fue haciéndose muy fuerte y poderoso con el tiempo. Cuando llegó a la edad adulta, Rea decidió explicarle las particularidades de su nacimiento, su origen y la situación de sus hermanos, encerrados en el vientre de su padre por sus ansias de poder. Zeus, encolerizado y decidido a acabar con la situación (ya desde joven apuntaba maneras de líder), fue directo a donde se encontraba Crono y para vencer al titán decidió que era más astuto emplear la inteligencia y engañarlo que enfrentarse a él solo, ya que Crono, a fin de cuentas, era el más poderoso de los titanes. Zeus decidió no revelarle su identidad y ofrecerle una copa al titán con el motivo de agasajarlo. Crono, que como hemos podido ver no era muy escogido con qué llevarse a la boca, se bebió la copa y al rato comenzó a encontrarse bastante mal… Zeus había conseguido engañarlo para tomarse una pócima que lo hizo vomitar, liberando así a todos sus hermanos que habían permanecido en el interior de su padre durante todos esos años (menudas conversaciones debieron de tener en ese tiempo, pero nada se comenta sobre esto en ninguna fuente que yo conozca). Existe otra versión, no obstante, en la que Zeus directamente decidió cortar el vientre de Crono y liberar así a sus hermanos. En cualquier caso, el resultado fue el mismo: Crono, preso de la furia, resolvió enfrentarse a sus hijos, reuniendo para ello a sus aliados. Surgió así uno de los conflictos más importantes de la mitología griega, la Titanomaquia, donde dioses y titanes se disputaron el control del mundo. Se crearon dos bandos. Por un lado, los titanes, liderados por Crono, y, por otro, los dioses, encabezados por Zeus. Algunos titanes, sin embargo, decidieron apoyar al bando de Zeus.

LA TITANOMAQUIA

Antes de dar comienzo al conflicto, Zeus reunió a sus aliados y realizó un sacrificio con ofrendas a Urano, Gea y Helio. Zeus puso el altar en el cielo en forma de constelación, para conmemorar el acontecimiento, y así surgió una costumbre que se mantendría, ya que a lo largo de los diferentes mitos, Zeus, y ocasionalmente otros dioses, convierte en constelaciones a diversos personajes y objetos para celebrar determinadas circunstancias.* Justo en ese momento, un águila surcó los cielos, lo que se consideró un buen presagio, y Zeus convirtió al ave asimismo en una constelación, además de en uno de sus símbolos personales más reconocidos.

Una vez reunidos sus hermanos, Zeus declaró la guerra a los titanes. De parte de Zeus, además de sus hermanos Hestia, Hera, Deméter, Poseidón y Hades, se situó la titánide Hécate, que sería recompensada por Zeus haciéndole entrega de las ninfas Lámpades. Estigia, hija del titán Océano, también decidió apoyar a Zeus, junto con sus hijos Zelo, Bía, Niké y Cratos. Como agradecimiento a ella, el dios decidió hacer sus aguas sagradas y los juramentos realizados a sus orillas irrevocables. Gea profetizó que Zeus conseguiría la victoria tras diez años de lucha y envió en su ayuda al toro con cola de serpiente, el ofitauro. Para conseguir mayores apoyos, Zeus decidió liberar a los cíclopes y hecatónquiros del Tártaro, donde habían sido encerrados por su padre Crono, tras matar a la carcelera Campe. Ellos para agradecerle a Zeus haber sido liberados forjaron las armas de este y sus hermanos Poseidón y Hades: los rayos para

* Según otra versión, fue el centauro Quirón quien estableció la costumbre de plasmar en el cielo constelaciones conmemorando hechos o personajes. En su caso, para ayudar a los marineros a orientarse, creó la constelación del centauro situándose a sí mismo en las estrellas.

Zeus, el tridente de Poseidón y el casco de invisibilidad de Hades. El dios Pan también se situó de parte de Zeus y con sus potentes gritos consiguió que los titanes se retiraran despavoridos en más de una batalla.

Por otro lado, de parte de los titanes, liderados, como ya hemos visto, por Crono, se encontraban Hiperión, Jápeto, Ceo, Crío, Atlas y Menecio, según Hesíodo. Otros de sus apoyos fueron Eceo y Egeón. La ayuda de los hecatónquiros fue fundamental para la batalla divina, pues arrojaron a los titanes inmensas piedras de cien en cien con sus cien brazos.

Cuando por fin los olímpicos consiguieron hacerse con la victoria, decidieron (por si aún no estaba claro) que Zeus fuera su rey y gobernara en el cielo. Zeus repartió entonces con sus hermanos el resto del universo: a Hades le encomendó el inframundo y a Poseidón los mares. Además, una vez finalizado el conflicto, castigó a los titanes, encerrando a la mayoría de ellos en el Tártaro.

Otros recibieron castigos ejemplares que servían de advertencia y escarmiento. El más célebre fue el caso de Atlas, que fue condenado a sujetar sobre sus hombros la bóveda celeste durante toda la eternidad. Algunas de las titánides que participaron también en el conflicto contra Zeus fueron castigadas, especialmente Arce, condenada al Tártaro junto con sus hermanos. Otras titánides, sin embargo, se situaron del lado del bando olímpico, llegando a tener hijos algunas de ellas con Zeus y engendrando dioses. Los nombres de estas titánides fueron Metis, Temis, Eurínome, Mnemósine y Leto. Otros titanes que no se destinaron al Tártaro fueron Prometeo y su hermano Epimeteo. Prometeo fue un titán bondadoso y sabio que sentía una especial debilidad por la humanidad, de la que se convirtió en protector con no tan buenas consecuencias para él, como descubriremos próximamente.

LA GIGANTOMAQUIA

Otro de los grandes primeros conflictos fue la Gigantomaquia. Los gigantes fueron engendrados por Gea, y se convirtieron en criaturas fuertes que podían constituir una amenaza para los dioses olímpicos. Estos, preocupados por esta posible situación, decidieron acudir al oráculo para consultar cómo proceder. En el oráculo, los dioses descubrieron que tan solo podrían conseguir la victoria si un mortal luchaba con ellos contra los gigantes. Zeus llamó entonces a su hijo Heracles, uno de los héroes más fuertes, para que se uniera en su lucha. No obstante, Gea creó una poción para sus hijos los gigantes, con el objetivo de que no pudieran morir a manos de un mortal.

En la Gigantomaquia, cada dios contaba con su contrapartida gigante, es decir, cada dios se enfrentaba con un gigante que había sido creado específicamente para combatirlo. Una vez más los dioses del Olimpo consiguieron imponerse y alcanzaron la victoria, llevando al mundo a su equilibrio y orden.

PROMETEO: EL ORIGEN DE LA HUMANIDAD

La mitología griega cuenta con varios mitos sobre el origen del hombre y la humanidad, pero mi favorito es el de Prometeo, el titán sabio y bondadoso que hemos conocido en el apartado anterior. Prometeo era hijo de Jápeto y Clímene.

Según este mito, después de la Titanomaquia, los dioses del Olimpo decidieron poblar la tierra de criaturas. Encomendaron a los titanes hermanos Prometeo y Epimeteo dicha misión. Epimeteo se encargó de crear a los animales, dotándoles de fuerza, instinto, garras y recios pelajes para defenderse y vivir en la naturaleza. Prometeo, que era un titán más inclinado a valorar los dones intelectuales, decidió dar vida al ser humano. Una criatura más frágil físicamente, pero también con inteligencia, sensibilidad y complejidad, más similar a sí mismo e incluso a los dioses. Prometeo estaba satisfecho con su crea-

ción. Fue en este momento cuando el titán, conmovido por estas inteligentes pero débiles criaturas, resolvió intervenir a su favor y ayudó a la humanidad a salir adelante, porque, aunque parecían débiles y un poco bobos, él debió de verles potencial, o tal vez, solo lo hizo como desafío a Zeus. Prometeo fue hacia el Olimpo y les robó el fuego a los dioses para dárselo a los hombres, arrebatando una chispa del carro de Apolo. El titán les entregó el fuego a los humanos y así estos pudieron desarrollarse y medrar. Gracias a Prometeo los hombres tenían cómo calentarse en invierno, cocinar y defenderse de los animales salvajes y, poco a poco, esto desencadenó el desarrollo de otras habilidades, lo que hizo que consolidaran una civilización y cultura, y se convirtieran en criaturas más similares a los mismísimos dioses.

No obstante, los olímpicos (especialmente Zeus) no vieron con buenos ojos que Prometeo interviniera de esta manera en favor de los hombres, ya que a fin de cuentas le correspondía al soberano y dios del rayo decidir sobre estas cuestiones. Además, no estaban seguros de hasta qué punto los humanos podían constituir una amenaza para ellos y el orden del universo. En consecuencia, Zeus decidió condenar al inteligente titán Prometeo.

Lo encadenó a unas rocas, donde un águila picaría durante el día su hígado, que se regeneraría por la noche. Como el águila no podía acabar con la vida del titán, fue condenado a permanecer así hasta el fin de los tiempos. La condena surgió no solo como consecuencia del robo perpetrado por Prometeo, sino también por otro de los desafíos que el titán planteó al rey de los dioses. Prometeo sacrificó un buey y lo dividió en dos partes. Por un lado, los huesos y la piel, por otro, la carne, haciendo parecer la parte menos suculenta más apetitosa. Zeus eligió así la piel, que en realidad solo contenía huesos. De este modo, Prometeo consiguió dejar a los hombres la carne para alimentarse. Esto establecería los sacrificios para los dioses, en los que los huesos debían ser siempre ofrenda para ellos.

Por suerte, Heracles se compadeció del titán y decidió matar al águila con una flecha. En agradecimiento, Prometeo le confió el secreto para conseguir las manzanas del jardín de las Hespérides, uno de los trabajos que el héroe debía realizar.

La caja de Pandora

Para vengarse nuevamente de Prometeo, Zeus elaboró un plan a través de una de las más famosas artimañas divinas de la mitología. Hizo que Hefesto, el dios de la fragua, crease a la mujer Pandora, y se la envió a Prometeo para que la tomara como esposa. A Prometeo, que como hemos visto era muy inteligente, le pareció un poco sospechoso y pensó que tal vez Zeus le estaba tendiendo una trampa. Entonces el dios del rayo envió a Pandora al hermano de Prometeo, Epimeteo, que mucho más ingenuo que su hermano cayó en la trampa y aceptó a Pandora como mujer. Como regalo de bodas, Zeus envió a Pandora una vasija (en la versión posterior del mito una caja) misteriosa y le pidió expresamente que no la abriese. Al principio, Pandora consiguió seguir la advertencia o consejo, o digamos misteriosa recomendación de Zeus, pero más tarde, fue incapaz de resistir la curiosidad. Necesitaba saber qué contenía la enigmática vasija, y la abrió. En ese momento, todos los males del mundo que asolarían a la humanidad a partir de ese día salieron de la vasija: las enfermedades, la locura, el vicio, la pasión, la tristeza, el crimen, la vejez… Pandora consiguió cerrar la vasija, horrorizada por haber condenado a la humanidad a tales males, consiguiendo únicamente dejar dentro la esperanza. De esta forma, Zeus consiguió su venganza contra Prometeo, haciendo daño a lo que él más quería: la humanidad.

Según otras versiones, el castigo último que sufrió Prometeo fue el del águila que picaba su hígado y, al ayudar a Heracles cuando lo liberó, Zeus le perdonó por haber apoyado a su hijo favorito a completar con éxito sus trabajos, que conoceremos en detalle en el capítulo dedicado a los héroes.

CAPÍTULO III

LOS DIOSES OLÍMPICOS

Los dioses olímpicos eran los principales
dioses de la religión griega antigua
y vivían en el monte Olimpo.
Considerados los protectores y los guías
de los hombres, se les ofrecían sacrificios
y ofrendas en los templos. Cada ciudad
tenía sus propios festivales y ceremonias
en honor a ellos.

EL OLIMPO

Desde el Olimpo los dioses
tratan los asuntos divinos
y los asuntos mundanos.
Conozcamos a cada uno de ellos.

Águila

Toro

Rayo

Roble

ZEUS

Dios del rayo, rey de los
dioses del Olimpo

Zeus es el rey de los dioses en la mitología griega y el dios del cielo, el rayo y el trueno. Se lo considera el padre de muchos dioses y de algunos de los más relevantes héroes, y es uno de los dioses principales del panteón griego. Sus atributos incluyen el rayo, el águila, el cetro y el trono. Se lo representa como un hombre maduro, con barba y cabello largo y, a menudo, con un rayo en la mano. Se cree que su poder radica en el rayo y que puede causar tormentas. También es el responsable de supervisar el orden universal.

El festival más importante dedicado a Zeus eran los Juegos Olímpicos, que se celebraban cada cuatro años en honor al dios. También se lo honraba en la fiesta de las Liceas que se celebraba en el monte Liceo.

Entre las historias más importantes relacionadas con Zeus destaca la lucha contra su padre, Crono, y los titanes, en la que Zeus emergió victorioso y se convirtió en el rey de los dioses. También es conocido por sus aventuras amorosas, en las que tomó la forma de animales u otros elementos naturales para seducir a mujeres mortales, diosas e incluso titánides.

Zeus se casó con su hermana Hera, la diosa del matrimonio y la familia, y tuvo varios hijos con ella, incluyendo a Ares, Hefesto y Hebe.

El culto a Zeus se remonta a la época prehistórica en Grecia, y se cree que se originó en la isla de Creta. Se extendió por todo el mundo griego a medida que los helenos se expandían por el Mediterráneo. También se difundió por el Imperio romano, donde se lo equiparó con el dios romano Júpiter.

LAS
AMANTES
DE
ZEUS

Júpiter era el equivalente romano de Zeus y se lo identificaba con el cielo y el trueno. Al igual que Zeus, Júpiter era el líder de los dioses y de los hombres, y se lo consideraba el protector del Estado romano. Sin embargo, a diferencia de Zeus, Júpiter también se asociaba con la justicia y la ley, y se lo veneraba como el protector de la moral y las tradiciones romanas.

LOS RAPTOS DE ZEUS

Se conocen como «raptos» de Zeus las numerosas aventuras amorosas que tuvo este. Aunque Zeus celebró sus nupcias con Hera, la diosa del matrimonio y la familia —pronto veremos todo lo relativo a los inicios de su turbulenta relación—, el dios del rayo tuvo multitud de romances. Fruto de estos *affaires*, Zeus engendró múltiples hijos, algunos de los cuales fueron importantes héroes, como Heracles o Perseo. En muchas de estas historias, Hera reacciona de manera muy violenta y vengativa contra las amantes de su marido, incluso contra los frutos de estas uniones. En las páginas siguientes exploraremos los mitos relativos a las aventuras amorosas de Zeus, muchas de las cuales quedan retratadas en las *Metamorfosis* de Ovidio, ya que Zeus se transformó en diferentes criaturas para seducir, raptar o incluso violar a sus amantes. En la ilustración de la página anterior puedes ver a las principales amantes de Zeus y ahora nos disponemos a explorar los mitos relativos a ellas y sus descendientes (siguiendo la numeración de la ilustración).

1. Hera

Aunque en las páginas siguientes analizaremos más a fondo a esta deidad, parece justo que la esposa divina de Zeus sea la primera de esta lista. De la unión entre Hera y Zeus nacen los dioses Hefesto (a quien, como veremos más adelante, Hera tiró del Olimpo al nacer literalmente por feo; bastante fuerte), Ares (el dios de la guerra a quien conoceremos luego y que a Hera sí le pareció digno hijo de Zeus y de ella por guapo, así que no lo tiró por la borda) y Hebe (una diosa relacionada con la juventud y, según la *Ilíada*, la ayudante de los dioses en diversos quehaceres). En la página 83 puedes descubrir el mito de las bodas de Hera y Zeus, que a su vez está relacionado con el del nacimiento de Hefesto y su triunfante vuelta al Olimpo cuando creció tras su caída del monte de los dioses.

2. Leda

Leda fue una de las amantes mortales de Zeus, y una de las figuras femeninas mitológicas más representadas durante la historia del arte. Leda fue seducida por Zeus, que optó por convertirse en un bello cisne para aproximarse a ella y así poder tener relaciones con la mujer. El mito de Leda y el cisne desemboca en el embarazo de Leda, quien queda fecundada simultáneamente por Zeus y por su marido Tindáreo, el rey de Esparta. Esto dio lugar al nacimiento de dos gemelos de diferentes padres: Cástor y Pólux, hijos de Tindáreo y Zeus, respectivamente. Uno de ellos, Pólux, era un semidiós, y el otro, Cástor, era mortal. Se los suele representar como dos niños con una cáscara de huevo a modo de casco, haciendo alusión a su divina concepción por parte de Zeus en forma de cisne. Además, este mito es el origen de la constelación que da lugar al signo de Géminis, que representa a los dos gemelos. Leda y Tindáreo fueron además los padres de Helena, personaje fundamental en la guerra de Troya, y de Clitemnestra. En algunas versiones, Helena, Clitemnestra, Cástor y Pólux eran fruto del mismo embarazo, y en otras, simplemente hermanos.

3. Antíope

Antíope fue la madre de Zeto y Anfión. Según el mito, Antíope era tan bella que hasta Zeus quiso seducirla, tomó para ello forma de sátiro y la dejó embarazada. El padre de Antíope, Nicteo, rey de Hiria, no creyó que el padre de las criaturas fuera Zeus y la expulsó de la ciudad. Zeus, disfrazado de lechuza, aconsejó a Antíope huir a Sición, donde el rey Epopeo le ofreció protección y se casó con ella. En otras versiones tan solo Zeto era hijo de Zeus, mientras que Anfión lo era de Epopeo. Este rey y Antíope tuvieron también a Maratón y Enope. Pero Nicteo persiguió a su hija hasta Sición. Debido a

este conflicto, se desató una guerra entre las dos ciudades. Nicteo murió en este enfrentamiento, no sin antes hacerle prometer a su hermano Lico que castigaría la ofensa de Antíope. Lico usurpó el trono de Tebas y, tras la muerte de Epopeo, capturó a Antíope, quien dio a luz en este viaje a los gemelos. Dirce, la mujer de Lico, se encargaría de custodiar a Antíope, que tras años de terrible tortura consiguió escapar al monte Citerón, donde habitaban sus hijos (que habían sido abandonados allí por su madre años atrás). Ellos decidieron vengar a su madre, arrebatar el trono a Lico y atar a Dirce a un toro, que la arrastró hasta acabar con su vida. Pero la historia no termina aquí. Dirce era sacerdotisa de Dioniso, por lo que el dios decidió tomar partido en el conflicto. El dios del vino volvió loca a Antíope, que vagó por Grecia hasta toparse con Foco, nieto de Sísifo, que la cuidó y se casó con ella. Debido a esta trágica historia, tanto Anfión como Zeto cayeron en la locura. Anfión destruyó el templo de Apolo en Tebas, lo que produjo que el dios lo condenara al Tártaro. Zeto, por su parte, acabó con su vida arrojándose desde un acantilado.

4. Alcmena

Alcmena fue otra de las amantes mortales de Zeus, hija del rey Electrión de Micenas y esposa de Anfitrión, hijo del rey de Trinto y de Astidamía. Una noche, Zeus tomó la apariencia de su esposo para poseerla, dando lugar así al nacimiento de uno de los héroes más importantes de la mitología griega: Heracles (o Hércules para los romanos). Alcmena fue además madre de Ificles, esta vez sí, con su esposo. Fue víctima asimismo de los celos de Hera, que trató de impedir el parto de Heracles ordenando a Ilitía, diosa de los nacimientos e hija de Hera, cruzarse de piernas frente a las puertas de la habitación. La criada de Alcmena, Galantis, consiguió engañarla diciéndole que el bebé ya había nacido. Hera la transformó en comadreja por el engaño. Alcmena vivió una vida larga y Zeus pidió a Hermes que transportara el alma de Alcmena a los Campos Elíseos para su descanso y felicidad eternos.

5. Calisto

Calisto fue una ninfa de los bosques del séquito de la diosa Artemisa. Fue hija de Licaón, rey de Pelasgia. Las compañeras de la diosa Artemisa, al igual que la propia diosa, debían guardar voto de castidad. Por ese motivo, sabiendo Zeus que sería rechazado por la ninfa si se aproximaba con su aspecto natural, decidió tomar la forma de Artemisa —en otras versiones de su hermano Apolo—, quedando así Calisto embarazada. Aunque la ninfa trató de esconder su estado a sus compañeras, estas finalmente se dieron cuenta mientras tomaban un baño en el río. Al informar a Artemisa, esta decidió acabar con la vida de Calisto abatiéndola con sus flechas. Zeus, para evitar la muerte de su amante y de su hijo, la transformó en una osa, pero pereció igualmente. Zeus la elevó en forma de constelación, siendo este el origen mitológico de la constelación de la Osa Mayor, situada al lado de su hijo Arcas, que formó la Osa Menor cuando este falleció posteriormente. Hera pidió a Zeus castigarlos, impidiéndoles descansar nunca, por este motivo estas constelaciones son siempre visibles en el firmamento. En otras versiones, Hera pidió ayuda a Tetis, la niñera de Arcas. Arcas sería el antepasado de los arcadios, siendo el primer rey legendario de Arcadia.

6. Dánae

Dánae fue otra de las amantes mortales de Zeus, madre de uno de los principales héroes de la mitología: Perseo. El padre de Dánae, Acrisio, rey de Argos, decidió consultar a un oráculo ante la inquietud que le generaba no haber engendrado hijos varones. El oráculo vaticinó que el hijo de Dánae lo destronaría. Ante esta alarmante revelación, Acriso decidió encerrar a su hija en una cámara de bronce, para impedir que pudiera concebir y que así no se cumpliera la profecía. Zeus, que se había encaprichado de la mortal. Convino unirse a ella transformándose en una lluvia de oro, dejándola embarazada. De esta forma, Perseo fue concebido. Acrisio no creyó que el niño fuera fruto de Zeus y decidió arrojar al mar en un cofre a la madre y a su retoño. Zeus intercedió para que el baúl llegara a las costas de la isla de Serifos, donde el pescador Dictis lo descubrió y les ofreció cobijo. Dictis los llevó ante su hermano, el rey Polidectes, que resolvió casarse con Dánae. En otras versiones, con un Perseo ya adulto, Polidectes no se desposó con Dánae, sino que fingió querer contraer matrimonio con Hipodamía y pidió a Perseo la cabeza de Medusa como regalo de bodas. Lo veremos más adelante en el capítulo dedicado a los héroes.

7. Egina

Egina era una ninfa náyade (es decir, de cuerpo de agua dulce, como los riachuelos, los manantiales o los pozos). Era hija del dios del río Asopo y Métope, que a su vez era hija de Ladón, otro dios fluvial. Según algunas versiones, Zeus la sedujo en forma de llama; según otras, tomó la apariencia de un águila. La raptó y la llevó a la isla de Enone, que a partir de ese momento pasó a llamarse Egina. El padre de Egina, Asopo, al enterarse del rapto de su hija por parte de Zeus, decidió perseguirlo, pero este lanzó sus rayos contra él. Por este motivo el río de su mismo nombre lleva carbonilla aún hasta nuestros días. Egina dio a luz al hijo fruto de la unión con Zeus, Éaco, que se convirtió en el rey de la isla de Egina.

8. Electra

Existen dos personajes con el nombre de Electra. Aunque solo una de ellas fue amante de Zeus, podemos detenernos para conocer a las dos.

La Electra que no fue amante de Zeus era una de las hijas del rey de Micenas, Agamenón, y de Clitemnestra, su mujer. Es conocida por el plan que perpetró con su hermano Orestes: el asesinato de su madre y del amante de esta, Egisto. Electra ha sido un personaje muy influyente en la literatura europea, da nombre a tragedias de Sófocles y Eurípides y se trata de la inspiración que encontró William Shakespeare para *Hamlet* —una de mis obras favoritas—. Además, Gustav Jung, padre de la psicología moderna, acuñó el nombre de «complejo de Electra» para definir una problemática relacionada con las mujeres que se sienten atraídas por su padre, es la contrapartida femenina del complejo de Edipo.

Por otra parte, la Electra que sí fue amante de Zeus era una de las siete pléyades, hija del titán Atlas y Pléyone. Junto con Zeus concibió a Dárdano, Yasión, Ematión y Eetión y, según algunas versiones, también a Harmonía. Electra es la única de las pléyades que no está en el firmamento, ya que con la destrucción de Troya quedó arrasado parte de su linaje —pues la familia real troyana descendía de ella—, lo que la dejó devastada y, por lo visto, desganada para unirse a sus hermanas en las estrellas.

9. Europa

Europa fue otra de las amantes mortales de Zeus. Una vez más, Zeus, prendado por la belleza de la mujer mortal, se transformó en una criatura para poder aproximarse a su interés romántico. En esta ocasión, mientras Europa recogía flores en una pradera con su séquito, Zeus se transformó en un toro blanco. Europa lo acarició y se subió en él, sorprendida por la tranquilidad y la belleza del toro. Zeus entonces, aprovechando la ocasión, corrió hacia el mar y nadó hasta las costas de Creta. Europa se convirtió en la primera reina de la isla cretense. Zeus creó la constelación de Tauro para conmemorar su romance con Europa y la obsequió con cuatro regalos: un collar fabricado por Hefesto, Talos (un autómata de bronce), Lélape, un perro infalible en la caza, y una jabalina también infalible que nunca erraba el tiro. Europa y Zeus tuvieron tres hijos: Minos, Radamantis y Sarpedón. Asterión, rey de Creta, se casó con ella.

10. Ío

Ío, hija del dios del río Ínaco y la oceánide Argía —o, según Hesíodo, hija de Pirén—, fue amante de Zeus, lo que provocó la ira de Hera y una serie de desventuras para la pobre doncella. La historia de Ío dio lugar al proverbio que explica que los juramentos de amor son los únicos que al romperse no desatan la ira de los dioses. Zeus se le aparecía en sueños a Ío, incitándola a entregarse a él en el lago Lerna. Ella le contó lo que estaba sucediendo a su padre y él, instado por el oráculo, la expulsó de su casa para no provocar mayores desgracias a su familia. La historia se complica cuando los amantes son sorprendidos por Hera, y Zeus, para evitar la ira y celos de su mujer, transformó a Ío en una ternera blanca. No obstante, Hera exigió a Zeus que le entregara a la muchacha y encargó a Argos Panoptes —gigante de cien ojos— que la tuviese constantemente vigilada. Zeus pidió

ayuda al dios Hermes para salvar a Ío. Este aguardó a que el gigante se durmiera para asesinarlo. Cuando Hera lo descubrió, puso los ojos del gigante en la cola del pavo real, siendo este el origen de su peculiar aspecto. Entonces Ío en forma de ternera comenzó una huida trepidante recorriendo el mar Jónico, al cual también dejó su nombre,* ya que Hera ató a los cuernos de la ternera un tábano que no dejaba de picarle. Finalmente, Ío llegó a Egipto. Ío se casó con Telégono, que adoptó a su hijo Épafo, fruto de su relación con Zeus. Aunque Hera consiguió secuestrar al niño, Ío lo recuperó y regresó a Egipto, donde Épafo gobernará y fundará la ciudad de Menfis.

11. Laodamia

Existen dos versiones del mito de Laodamia. En la primera, era hija de Acasto y de Astidamía, reina de Yolco. Esta Laodamia no fue amante de Zeus, pero su historia es igualmente interesante. Esta Laodamia amaba tanto a su marido Protesilao, príncipe de Tesalia, que cuando este falleció en la guerra de Troya (fue además el primer guerrero en perecer en este conflicto), rogó a los dioses disfrutar de unas horas más con él, y construyó una figura de su marido que los dioses por compasión decidieron animar con su alma durante tres horas, escapando durante ese tiempo del Hades.

En la segunda versión, Laodamia tuvo un breve romance con Zeus y era hija de Belerofonte, el héroe legendario que domó a Pegaso y mató a Quimera, lo que le valió ganarse la mano de Filónoe, madre de Laodamia. Laodamia y Zeus concibieron a Sarpedón, héroe que aparece tanto en el ciclo cretense** como en el troyano.***

---

* El nombre griego del mar Jónico procede de Ἰόνιο Πέλαγος, mar Ionio.
** Conjunto de mitos que se desarrollan en la isla de Creta. Minos, el minotauro, Pasífae, Ariadna, Teseo y Dédalo son algunos de sus protagonistas.
*** Conjunto de mitos que hacen alusión a la Guerra de Troya.

12. Níobe

Níobe era la hija del primer hombre, Foroneo, y de la ninfa Telédice. Con Zeus, engendró a Argos y a Pelasgo, siendo entonces la primera mujer mortal y por ello la madre de la humanidad.

Existe otra Níobe diferente, hija de Tántalo, que tuvo siete hijas y siete hijos. Estaba tan orgullosa que se vanagloriaba de ser mejor que Leto, que solo había tenido dos hijos (Apolo y Artemisa). Artemisa vengó a su madre asesinando con sus flechas a todos los hijos de Níobe excepto a dos, un hijo y una hija. Níobe se disgustó tanto por la muerte de sus vástagos que se convirtió en piedra. Un remolino de viento la transportó a Sípilo, en Lidia, donde aún se puede ver cómo las lágrimas brotan de una roca con forma de mujer.

13. Pluto

Pluto era una oceánide, hija de Tetis y Océano. Otras versiones afirman que era hija de Atlas o de Crono. No obstante, no queda claro si fue la madre de Tántalo junto con Zeus o no. Tántalo fue uno de los primeros reyes griegos, rey de Frigia o del monte Sípilo, en Lidia.

14. Sémele

Sémele, otra de las amantes mortales de Zeus, era hija de Cadmo, rey de Tebas, y de la diosa Harmonía. Con Zeus concibió al dios del vino y la vendimia, Dioniso. Hera, celosa de la amante de su marido, la convenció para que pidiera alguna prueba a Zeus de su divinidad, ya que según ella se trataba de un impostor. Hera consiguió sembrar la duda en Sémele y esta, tal como pretendía Hera, le pidió a Zeus que demostrase su divinidad. Al ver a Zeus en su forma divina, Sémele fue consumida por las llamas y falleció estando embarazada. Zeus consiguió salvar al niño y terminar la gestación de este cosido a su muslo. Dioniso nació en la isla de Icaria, donde Zeus lo liberó de su muslo. Cuando Dioniso fue adulto, liberó a su madre del Hades para que viviera con él y los demás dioses en el Olimpo, cambiando su nombre a Tíone.

15. Taigete

Taigete, hija del titán Atlas y de Pléyone, fue una ninfa a la que Zeus violó. Ella trató de detenerlo pidiendo ayuda a la diosa Artemisa, que la convirtió en una cierva con la cornamenta dorada, la llamada cierva de Cerinea. Zeus consiguió su objetivo de intimar con ella y concibieron a Lacedemón.

16. Leto

Leto es una de las principales titánides, hija de Ceo y Febe. Leto fue madre junto con Zeus de los dioses Apolo y Artemisa, dos de los más importantes del panteón griego. Veremos la historia de su nacimiento más adelante cuando hablemos de ellos. Leto tuvo que huir y esconderse para dar a luz a los niños en la isla de Delos y evitar así la ira y los celos de Hera. Aunque Leto no es protagonista de los mitos principales, era muy valorada en Grecia por ser la madre de estos dos dioses, incluso se le dedicaron santuarios. Zeus también intentó violar a la hermana de Leto, Asteria, que se consiguió evitarlo transformándose en diversas ocasiones: en codorniz o en la isla de Ortigia, en Sicilia, tras arrojarse al mar.

17. Deméter

Deméter fue una de las principales deidades de los griegos, diosa de la agricultura, las cosechas y la fertilidad de la tierra. Es célebre por el mito que da origen a las estaciones. Deméter, hermana de Zeus, fue violada por él, y del fruto de esa unión nació Perséfone, que más tarde sería raptada por Hades y llevada al inframundo para convertirla en su reina. Así dio lugar a uno de los mitos más célebres de la antigua Grecia, como veremos más adelante cuando conozcamos más en profundidad las figuras de Deméter y Perséfone.

18. Dione

Dione, según la fuente que se consulte, es una titánide (hija de Urano), una oceánide (hija de Océano) o una atlántide (hija de Atlas). En cualquier caso, se la considera una antigua diosa que, aunque no figura en muchos mitos, es la madre de Afrodita en algunas versiones (en el libro V de la *Ilíada* Homero hace alusión a Dione como madre de la diosa del amor y la belleza). En esta versión, el padre de Afrodita es Zeus, aunque cuando conozcamos en profundidad a la diosa, veremos que el mito más popular sobre su nacimiento no es este. Afrodita acudió para ayudar a su hijo Eneas en la guerra de Troya y fue herida, por lo que se presentó ante su madre Dione para que la curara y protegiese.

19. Eurínome

Eurínome es una de las oceánides más antiguas. Fue madre junto con Zeus de las cárites, o tres gracias. Aglaya («belleza»), Eufrósine («júbilo») y Talia («abundancia»). Aunque existen varias versiones y algunas variaciones locales, esta es la interpretación más extendida.

20. Maia

De entre las siete hijas de Atlas y Pléyone, Maia era la mayor, la más bonita y tímida de ellas. A estas siete hermanas se las conoce como las pléyades. Según Homero, de la unión de Maia y Zeus nació Hermes, el dios mensajero, cuya historia conoceremos en las siguientes páginas. Maia fue también la diosa que crio a Arcas, hijo de Calisto y Zeus, cuando Hera transformó a esta ninfa de los bosques en osa.

21. Metis

Metis es una titánide y oceánide de segunda generación, hija de Océano y Tetis, que representaba la dualidad entre la prudencia y la perfidia. Metis, como ya hemos visto, jugó un papel importante en la guerra que Zeus entabló con su padre Crono.

Zeus devoró a Metis cuando estaba embarazada de él. Así, Zeus dio a luz directamente a través de su cabeza a Atenea, gracias a la ayuda de Hefesto. Veremos el mito del nacimiento de esta diosa con mucho más detalle en las páginas reservadas a ella.

22. Mnemósine

Una de las titánides y la personificación de la memoria, Mnemósine es hija de Urano y Gea, y es célebre por ser la madre de las musas

(diosas de las artes) junto con Zeus. Zeus se hizo pasar por pastor y, en las colinas de Pieria, pasó junto a Mnemósine nueve noches que dieron lugar a nueve hijas: Clío, Euterpe, Talía, Melpómene, Terpsícore, Erato, Polimnia, Urania y Calíope.

23. Temis

Se trata de una de las seis hermanas de Gea y Urano y, por tanto, de una diosa preolímpica. Temis simboliza la justicia y el orden natural, y se la suele representar con una balanza, una espada y los ojos vendados. De esta representación proviene la actual figura de la justicia. Temis, junto con Zeus, engendró a las horas (la personificación de las estaciones; existen varias versiones respecto a su número y nombre, como veremos cuando las conozcamos más adelante, aunque las más conocidas son Dice, «justicia»; Irene, «paz»; Eunomia, «buen gobierno») y a las moiras (Cloto, Láquesis y Átropos).

24. Ganímedes

Ganímedes destaca por ser el único amante masculino de Zeus. Este joven príncipe troyano, hijo del rey Tros, destacaba por su juventud y belleza. Fue raptado por Zeus mientras se encontraba en el monte Íos. El padre de Ganímedes en compensación recibió de Hermes, enviado por Zeus, una vid de oro, obra de Hefesto, y dos caballos tan veloces que podían correr sobre el agua. Ganímedes se convirtió en el copero de los dioses, residente inmortal del Olimpo, y originó la constelación de Acuario.

Otros amoríos más improbables

Aunque en las múltiples fuentes que hacen referencia al rey del Olimpo se mencionan otros hijos y otras amantes de Zeus, existe mayor ambigüedad sobre ellas. En estas páginas has podido conocer a las más célebres de sus amantes, tanto mortales como diosas, ninfas y titánides. No obstante, existen algunas fuentes que narran las aventuras de Zeus con otras figuras mitológicas o que afirman incluso la paternidad de este de otras criaturas sin necesidad para ello de la existencia de una madre.

Afrodita: Zeus quiso también ser amante de Afrodita, la diosa de la belleza y el amor que conoceremos en las siguientes páginas. Afrodita trató de huir, pero de esta unión nació Príapo. Príapo fue un dios menor que simbolizaba la fertilidad y se lo solía representar con un enorme falo erecto. No obstante, la versión más común del mito hace a Príapo hijo de Afrodita y Dioniso, no de Zeus, o de Dioniso y una náyade.

Perséfone: aunque era hija de Deméter y esposa de Hades, según los himnos órficos,* Zeus tomó la forma de una serpiente para seducir a la reina del inframundo y esta tuvo a Zagreo. Melínoe también es considerada hija de Zeus y Perséfone, y diosa de las ofrendas a los fallecidos.

Hijos sin madre de Zeus

Existen algunos hijos de Zeus que nacieron simplemente de Zeus, sin madre. Según Ovidio, Orión nació de una piel de buey fertilizada con la orina de Júpiter, Neptuno y Mercurio, los equivalentes de Zeus, Poseidón y Hermes en la cultura romana. Orión es una de las constelaciones más conocidas, un gran cazador puesto precisamente en el firmamento por Zeus o, según otras versiones, por la diosa Artemisa.

Según la epopeya de las *Dionisíacas*, Zeus fue padre de la raza de los centauros (criaturas mitad caballo, mitad hombre) al derramar su semen en el suelo cuando se encontraba persiguiendo a la diosa Afrodita.

Zeus también fue padre de los ríos Janto y Fasis, así como de la Verdad (Alétheia), las Súplicas (Litaí) la Ofuscación (Ate) y la Fortuna (Tique).

---

* El orfismo era una corriente religiosa dentro de la antigua Grecia que adoraba al dios Dioniso, y parte del mítico poeta Orfeo, aunque inicialmente Orfeo se asociaba más con el dios Apolo. Se trataba de un culto que solo podían practicar los iniciados.

Polos
(corona cilíndrica)

Cetro

Pavo real
(o cuco)

Lirio

HERA

Diosa de la familia
y el matrimonio

Hera, como hemos podido conocer en las páginas anteriores, era la mujer del rey del Olimpo y dios del rayo Zeus. También era la diosa del matrimonio, las mujeres, el cielo y las estrellas. El equivalente romano a Hera es Juno, esposa de Júpiter. En la mitología griega más antigua, el animal relacionado con esta diosa era el cuco, ya que el pavo real no fue conocido en Europa hasta tiempos de Alejandro Magno. Ya en la época romana se representaba a Juno con pavos reales y, a lo largo de la historia del arte, se suele asociar a Hera con este animal, su pájaro favorito. Hera constituyó una de las principales deidades del panteón olímpico y participó en numerosos mitos, aunque quizá los más conocidos sean los protagonizados por su marido Zeus. En estas historias, Hera suele mostrarse celosa y desconfiada con el dios del rayo, dadas sus numerosas aventuras amorosas, hasta el punto de castigar directamente a las amantes del rey del Olimpo. Además de mujer de Zeus, era hija asimismo de Rea y Crono, lo que la convierte en su hermana, de él y de otros dioses olímpicos.

Entre los parientes de Hera se encontraban sus hermanos Zeus y Poseidón, así como su hijo Hefesto, el dios del fuego y la forja. También se le atribuye la maternidad de Ares, el dios de la guerra, y de Ilitía, la diosa del parto.

Una de las historias más conocidas en las que aparece Hera es el mito de la manzana de la discordia, en el que compite con Afrodita y Atenea por una manzana dorada que es entregada a «la más bella». También es relevante su papel en el mito de los doce trabajos de Heracles, en el que intenta obstaculizar al héroe en su tarea.

Hera fue una diosa muy venerada, que contó con uno de los templos más grandes de la Antigüedad dedicado a ella: el Hereo de Samos. Otro centro de adoración se encontraba en Argos, conocido asimismo como el Hereo de Argos. Sus festivales más importantes incluían las Hereas, que se celebraban en diversas ciudades en honor a Hera.

Hera no solo era vengativa (o incluso cruel) con las amantes e hijos «ilegítimos» de Zeus. Al igual que la mayoría de los dioses, tomaba partido muchas veces en asuntos mortales. Por ejemplo, en el juicio de Paris, donde el príncipe troyano tuvo que elegir a la más bella de las diosas decantándose por Afrodita (veremos en profundidad esta historia, una de la más célebres de la mitología griega), Hera guarda rencor al mortal por no haberla elegido a ella. Hera además ejerce un rol muy activo en el mito de las doce tareas de Heracles (pág. 199).

Para identificar a Hera, suele representársela con una diadema o corona llamada *polos*, en actitud tranquila y portando un báculo. Como hemos visto, las plumas de pavo real, o este animal, constituyen otro de sus atributos más reconocidos; aunque en las primeras representaciones de la diosa no las encontramos, se ha convertido en uno de los símbolos más conocidos de la diosa Hera. Otros son la granada (alegoría de la fertilidad) —aunque a Perséfone también se la identifica con esta fruta—, los lirios y las amapolas.

Hera fue, como hemos visto, una de las diosas hermanas de Zeus que él liberó del interior de su padre Crono y que apoyó a este en su lucha contra los titanes. En paralelo a las batallas de la Titanomaquia, la historia de amor entre Zeus y Hera comenzó a florecer. Como sabemos, Zeus era conocido en el Olimpo y en la tierra por su promiscuidad y sus múltiples aventuras amorosas. Según cuenta el mito,

Zeus se enamoró de su hermana nada más liberarla junto con los otros dioses del interior de su padre. Hera, no obstante, prefería no tener relaciones con Zeus antes de estar casada (era la diosa del matrimonio y, por tanto, una chica tradicional). Zeus, aunque no debía de ser el plan que estaba esperando en un primer momento, accedió, no sin antes tener relaciones con Hera al transformarse en un cuco. Hera acogió al ave en su manto, desconocedora de la verdadera identidad del pajarillo y el dios aprovechó la circunstancia para unirse a ella. Hera se quedó embarazada tras esta unión de su hijo Hefesto.*

Hefesto nació con una deformidad física; cojeaba y no era nada agraciado, por lo que Hera lo expulsó al nacer del monte Olimpo tirándolo al mar. Aunque Hera fue la guardiana del matrimonio, como madre no se estrenó de la manera más espectacular.

No obstante, aunque pronto veremos la historia del dios Hefesto, veamos primero la de los otros hijos que surgieron del turbulento matrimonio que compartieron Hera y Zeus.

Los hijos de Hera

Enio: fue una diosa también fruto de la unión divina entre Hera y Zeus. En la *Ilíada* de Homero era compañera tanto de Ares, dios de la guerra en su vertiente más cruenta, como de Atenea, diosa de la estrategia. Se trata de una diosa de la guerra, no tan principal como Ares, pero que representaba precisamente el lado más violento de los conflictos armados y los enfrentamientos cuerpo a cuerpo. Posteriormente, se la representaba como a una diosa cubierta de sangre, con una antorcha en la mano y, al igual que las erinias, con sus cabellos como serpientes. Los romanos la identificaron con su propia diosa de la guerra, Belona, y en algunas fuentes se la menciona como hermana de Ares, como su madre o como su niñera.

Ilitía: era una diosa amable, muy relacionada con el lado familiar de su madre Hera. Ilitía es la diosa de los nacimientos, los dolores de parto y las comadronas. La

* Según otra versión, Hera, celosa de Zeus por haber tenido como hija a Atenea sin necesitar una madre, creó sola a Hefesto. Véase el nacimiento de Atenea en las páginas 103-104.

Joven Hera jugando con Zeus en forma de cuco.

relación entre su madre, patrona de las esposas, y ella, patrona de los partos, se ilustra en el mito del nacimiento de Heracles, en el que Ilitía aceleró el nacimiento de Euristeo, hijo de Nícipe, y retrasó el de Heracles, hijo de Alcmena. Se había profetizado que un hijo de la estirpe de Zeus nacería en poco tiempo y gobernaría en Argos. Como Heracles era hijo de Zeus y Euristeo era un pariente más lejano, Hera, movida por los celos, prefirió que no fuera Heracles el agraciado.

Hebe: fue una de las indiscutibles hijas de Zeus y Hera que representaba la juventud. Según Homero, Hebe era una especie de asistente de los dioses: estaba pendiente de sus necesidades, llenaba sus copas, ayudaba con los caballos de los carros de los otros dioses (especialmente del de su madre Hera y del de su hermano Ares). Según este mismo autor, Hebe se casó con Heracles cuando este terminó sus trabajos y el joven príncipe Ganímedes la sustituyó en la tarea de asistir a los dioses y llenar sus copas. A Hebe se la suele representar de blanco y cargando una jarra, en referencia a su papel de copera de los dioses.

H E B E

Hebe, hija de Zeus y Hera, y copera de los dioses.

Yunque

HEFESTO

Dios de la forja, de los metales,
la herrería y los artesanos

Martillo

Fue uno de los principales dioses del panteón griego, además de uno de los hijos más conocidos de Hera y, según Homero, también de Zeus. Se trata del dios de la fragua y, por lo tanto, patrón de los herreros y los artesanos, especialmente de aquellos que necesitaban del uso del fuego para producir su artesanía, como los escultores y los alfareros.

Era un dios bastante particular, pues se dedicaba al trabajo artesano, y el único que solía representarse con un aspecto desagradable: sudoroso (por su ardua labor como herrero) y poco agraciado, muchas veces apoyado sobre un bastón debido a su cojera. Fue precisamente por esta «tara» por la que su madre Hera lo expulsó del Olimpo arrojándolo al mar. Hefesto, tras su caída de nueve días, acabó en las aguas de Océano, donde las diosas marítimas Tetis y Eurínome lo recogieron y lo criaron. Fabricó para ellas sus primeras piezas de orfebrería, adornos y joyas. Según otra versión, Hefesto creció en la isla de Lemnos. Como venganza hacia Hera por expulsarlo del Olimpo, Hefesto forjó un trono mágico y se lo envió como presente a su madre. Hera, al sentarse, quedó atrapada en el trono y Hefesto le pidió a Zeus residir en el Olimpo con el resto de los dioses y casarse con la diosa de la belleza, Afrodita, a cambio de liberarla. Según otras versiones, al ver atrapada a Hera en el trono, Zeus ofrece a Afrodita en matrimonio a aquel que consiguiera liberarla. Tras el fracaso de otros dioses, Hefesto libera a su madre del trono y así gana su puesto en el Olimpo y la mano de Afrodita.

Matrimonio con Afrodita

En la *Odisea* podemos encontrar que, efectivamente, Hefesto y Afrodita estaban casados. En uno de los cuadros más famosos de Velázquez, *La fragua de Vulcano*,* podemos encontrar uno de los episodios más famosos de la historia de Hefesto. Afrodita, que ya estaba casada con este por aquel entonces, tuvo una aventura con Ares, el dios de la guerra. El dios mensajero Hermes (por lo visto, también dios de los cotilleos) acudió a la fragua para contárselo a Hefesto, y este confeccionó una red para atrapar a los amantes en pleno acto, que, para su escarnio, fueron expuestos y ridiculizados por el resto de los dioses. El taller de Hefesto se situaba o en el Olimpo o en las profundidades de la isla de Lemnos, según el autor, donde lo ayudaban los cíclopes. A pesar de su unión, Afrodita y Hefesto no tuvieron descendencia.

La segunda esposa del dios herrero fue Aglaya —se entiende que el matrimonio con Afrodita no fue precisamente exitoso— una de las tres cárites. Fueron padres de Euclea, Filofrósine, Eutenea y Eufema, representaciones de cuatro bellas virtudes: la buena reputación, la amabilidad, la prosperidad y el buen discurso, respectivamente.

Entre las hermosas creaciones de orfebrería de este dios podemos encontrar los palacios de los diferentes dioses, la armadura de Aquiles, elaborada a petición de Tetis, y la primera mujer, Pandora, una demanda de Zeus. También los perros dorados que guardaban el palacio del rey Alcínoo y el collar maldito que el soberano de Tebas regaló a su mujer Harmonía, así como los toros de bronce que el héroe Jasón debe enyugar en una de sus aventuras.

Ayudantes de Hefesto

Como todos los herreros, en su fragua Hefesto contaba con varios ayudantes y aprendices: sus propios hijos, Cedalión y tres cíclopes inmortales. Cedalión fue tutor de Hefesto y más tarde entró al servicio del dios. Posteriormente fue entregado por Hefesto al gigante Orión cuando este llegó a la isla de Lemnos tras ser cegado por Enopión como castigo por haber violado a una de sus hijas. Cedalión se sentó en el hombro del gigante para guiar sus pasos, a modo de lazarillo.

---

* Hefesto se identifica con el dios Vulcano en el panteón romano.

Casco de guerra

Armas

Buitre

ARES

Dios de la guerra

Carro de combate

Se trataba del dios de la guerra, sobre todo en lo relativo a la violencia, la fuerza en el conflicto y el lado más cruento de la batalla. Sus fieles acompañantes eran Fobos (pánico) y Deimos (miedo), según Hesíodo, sus propios hijos. Aunque Atenea también es una deidad asociada a la guerra, ambos ejercían su poder en ámbitos distintos. Atenea estaba más relacionada con la defensa y la estrategia, mientras que Ares era un temido dios asociado con el ataque y la violencia. Ares formaba parte de los dioses principales que vivían en el monte Olimpo y tuvo varias relaciones e hijos con diferentes diosas y mortales. Se lo representaba como un hombre armado, listo para entrar en batalla y su equivalente romano es Marte. Su relación más importante fue con Afrodita, diosa del amor y la belleza y esposa de Hefesto, con quien además de tener a Fobos y a Deimos (que diría yo que salieron más al padre), engendró a Eros,* dios del amor que se representaba como un niño alado que lanzaba flechas de amor y aversión a las parejas, con puntas de oro y plomo, respectivamente (más relacionado con el ámbito de su madre, Afrodita). También fueron padres de Anteros, dios del amor correspondido, y Harmonía, diosa de la armonía. Ares además tuvo otras amantes (aunque siempre sintió predilección hacia Afrodita) como la náyade Aquínoe, con quien tuvo a Sitón. Según algunas versiones, las amazonas también eran hijas de Ares.

---

* Aunque en la *Teogonía* de Hesíodo Eros es descrito como una de las fuerzas primordiales, otros autores afirman que Eros era hijo de Ares y Afrodita.

Concha

Manzana

Delfín

Rosa

AFRODITA

Diosa de la belleza y del amor

Afrodita era la diosa del amor erótico, la sexualidad y la belleza. Según la *Teogonía* de Hesíodo, Afrodita nació cuando Crono cortó los testículos de Urano para vengarse del maltrato al que sometía a su madre Gea. Estos cayeron al mar y de la espuma surgió la diosa, cuyo nombre significa realmente «regalo de la espuma». Afrodita entonces, al pisar tierra en la isla de Citera o en Chipre, hizo florecer rosas a su paso, por lo que esta flor es uno de sus atributos. Afrodita era una de las diosas principales del Olimpo y se relacionaba con la fertilidad. El equivalente romano de Afrodita era Venus, que tenía los mismos atributos. Afrodita solía ser representada desnuda y siguiendo el canon de belleza de la época.

Al ser una diosa tan relacionada con las aventuras amorosas, fue protagonista de numerosas de ellas, así como la artífice de muchos líos entre dioses, hombres, ninfas y otras criaturas. Como hemos visto, estaba casada con el dios herrero Hefesto, pero su amante favorito era el dios de la guerra, Ares, con quien tuvo varios hijos: Eros (dios del amor que se representaba como un niño alado), Anteros (dios del amor correspondido) y Harmonía (diosa de la armonía), así como los dioses de la guerra Fobos y Deimos, que acompañaban a su padre. Afrodita además tuvo una aventura con el dios mensajero Hermes, de la que nació Hermafrodito, que era mitad hombre, mitad mujer (puedes conocer el mito completo de Hermafrodito en la página 155). Algunas versiones afirman que junto con Dioniso tuvo a Príapo, dios de la fertilidad. Junto con Poseidón concibió también a Érice, quien fue rey. Uno de los amoríos más conocidos

de la diosa fue el que mantuvo con Adonis, conocido por su gran belleza.

Adonis

El mito de Afrodita y Adonis, además de narrar la historia de amor entre estos dos personajes, relata el origen mitológico de varias plantas. Aunque según el mito Adonis era mortal, fue venerado como dios por los griegos, que le dedicaron incluso la festividad estival de las Adonias.

Según Apolodoro, Adonis era hijo de la princesa Esmirna, hija del rey asirio Cíniras. Esmirna (O Mirra, según Ovidio) era una mujer muy bella, pero también vanidosa, y rechazó a muchos pretendientes porque no los consideraba lo suficientemente buenos para ella —bien por ella, diría yo, pero la diosa de la belleza no pensó lo mismo—. Afrodita se ofendió por la conducta de Mirra y la condenó a enamorarse de su propio padre, Cíniras. Esta, loca de amor por su progenitor, acudió a su lecho durante la noche y se quedó embarazada. De esta unión nació Adonis, no sin antes tener Mirra que huir del reino avergonzada ante la ira de su padre, que desconocía que era su propia hija la que había entrado en su alcoba. Mirra, desesperada por lo que había hecho, pidió ayuda a los dioses. Estos, conmovidos por el sufrimiento de la chica, decidieron convertirla en un árbol que lloraba resina (del que se obtenía la mirra, y de ahí su nombre). Gracias a la diosa Ilítia, Mirra dio a luz a Adonis ya siendo ella un árbol. Afrodita, quien, aunque era diosa y fabulosa, también era mujer, comenzó a sentirse culpable por todo el lío que se había formado, ya que la situación cada vez parecía más complicada. (No hemos visto a Zeus sentirse culpable por ninguno de sus embrollos, por eso lo digo).

Así, Afrodita decidió acoger al niño Adonis y entregárselo a Perséfone, diosa del inframundo y esposa de Hades. Tanto Afrodita como Perséfone quedaron completamente embelesadas con la belleza del niño. Cuando Afrodita volvió para recogerlo, Perséfone no se lo quería devolver. Zeus o la musa Calíope, según la versión, intervino entonces y dictaminó que el joven Adonis pasaría tres meses con cada una y tres meses solo.

Para cuando Adonis creció, Afrodita estaba perdidamente enamorada de él y lo acompaña con frecuencia en sus cacerías, abando-

nando la comodidad del Olimpo para estar con su amado. Afrodita, que lo quería mucho, se preocupaba siempre por que no corriera riesgos, y por ese motivo le advertía de los peligros de la caza. Sin embargo, Adonis hacía oídos sordos, hasta que en una de sus cacerías fue gravemente herido por su presa, un jabalí, que acabó con su vida debido a las heridas que le produjo este accidente. El mito cuenta que hasta este percance todas las rosas de la tierra eran blancas. Afrodita, en su intento de llegar hasta Adonis lo más deprisa posible, se hizo un rasguño en el pie con las espinas de unas rosas, lo que las tiñó de rojo con la sangre de la diosa. Este es el origen de las rosas rojas según el mito. Además, Afrodita, rota de la pena, roció la sangre de Adonis con perfume divino, creando así una de las flores más bellas y efímeras: la anémona.

Anquises y Eneas

Anquises fue uno de los amoríos de Afrodita, príncipe de Troya e hijo del rey Capis y Hieromneme. Anquises era un joven muy apuesto y mientras pastoreaba a sus rebaños en el monte Ida, Afrodita se enamoró de él. El enamoramiento de Afrodita no fue casual: se trató de un castigo de Zeus, pues Afrodita se había burlado de él y otros dioses por tener aventuras con mortales y Zeus decidió castigarla haciendo que ella misma se enamorara de un mortal. Aunque Afrodita se disfrazó para encontrarse con Anquises, este sospechaba que la mujer escondía algún secreto, dada su sobrenatural belleza. Finalmente Afrodita revela su identidad a Anquises y le anuncia que está embarazada. De su unión nació Eneas, héroe muy querido para la diosa y que protegió y acompañó durante toda su vida, especialmente en su largo viaje tras la caída de Troya. Anquises en una borrachera se jactó delante de sus compañeros de haberse *enrollado* con Afrodita, lo que provocó la ira de Zeus: según algunos mitógrafos, Zeus le fulminó con un rayo o lo dejó ciego, pero para Virgilio Anquises vivió largos años y acompañó en su viaje a su hijo Eneas, y murió en Sicilia a avanzada edad.

* * *

Afrodita, además de tener sus propios romances, fue instigadora de idilios ajenos, que para algo (pensaría ella) era la diosa del amor y la atracción. Ayudó a algunos mortales a conseguir el interés de sus amados y además no dudaba tampoco en intervenir en otros asuntos mortales, teniendo favoritos entre los héroes y ayudándolos si era necesario (característica común a otros dioses del Olimpo).

Un ejemplo de esto es el apoyo que Afrodita ofreció a Hipómenes para conquistar a Atalanta. Atalanta era una bella y ágil cazadora. No quería contraer matrimonio, por lo que declaró que solo se casaría con el hombre que consiguiera derrotarla en una carrera. Aquellos que se atrevieran a competir contra ella y fueran vencidos por la cazadora, serían abatidos con una flecha. Muchos lo intentaron sin éxito, hasta que un día Hipómenes se presentó ante Atalanta como candidato. Atalanta aceptó el reto de este nuevo pretendiente, sin saber que escondía un as bajo la manga.

Afrodita le había entregado a Hipómenes manzanas del jardín de las Hespérides para que las usara en la carrera. Cuando la competición tuvo lugar, Hipómenes lanzó las manzanas y Atalanta, hechizada por su mágica belleza, quedaba distraída y se detenía para recogerlas. De esta forma, Hipómenes consiguió ganar la carrera y en consecuencia la deseada mano de la mujer.

* * *

Otros mortales no tuvieron tanta suerte y, en vez de recibir el favor de la bella diosa, obtuvieron todo lo contrario, su antipatía, con pérfidas consecuencias para ellos. En general, si a un dios le generabas antipatía como mortal no era buena cosa, pues haría todo lo posible por fastidiarte (como poco) o acabar contigo y toda tu familia, o tal vez condenarte a la desesperación absoluta y a la locura (como mucho). En el caso de Afrodita, algunos mortales tuvieron esta desgracia y sufrieron las consecuencias de contrariar a la diosa, que, aunque bella y divina, también tenía fama de caprichosa.

Parsífae

Aunque veremos la historia de Parsífae en detalle cuando nos adentremos en uno de mis mitos favoritos, el mito del Minotauro, la reina de Creta, Parsífae, dio comienzo a esta historia al sentir un deseo irrefrenable por un toro blanco (efectivamente, zoofilia en todo su esplendor), propiciado según algunas versiones por la diosa Afrodita, que se sintió ofendida por la reina al creer que no estaba dedicándole todas las ofrendas y alabanzas que merecía. Parsífae es, por tanto, la madre del Minotauro y una de las figuras centrales de este mito.

Hipólito y Fedra

Fedra era una princesa de la isla de Creta, hija de Minos y Pasífae, y hermana de Ariadna, un personaje clave en la mitología que protagonizó junto con Teseo el mito del Minotauro, tal como veremos en el capítulo de los héroes. Pero si hablamos de Fedra, fue célebre porque Teseo, después de haber abandonado a Ariadna (spoiler), la raptó y se casó con ella. Teseo a su vez había sido padre de Hipólito con la reina de las amazonas, Hipólita. La historia se torna dramática cuando por designio de Afrodita, por haberse sentido despreciada por Fedra, esta se enamoró locamente de su hijastro Hipólito. Hipólito rechazó a Fedra y ella cayó presa de la locura y del despecho y se suicidó, no sin antes acusar a Hipólito de intentar violarla.

Mujeres de Lemnos

Afrodita no recibía la adoración que ella consideraba adecuada por parte de las mujeres de Lemnos en sus santuarios, así que decidió maldecirlas de una particular manera: hizo que su olor corporal fuera insoportable. Los hombres de Lemnos las repudiaron por este motivo y ellas decidieron matarlos a todos (básicamente) incluidas a las nuevas mujeres que habían tomado sus maridos, esclavas de Tracia. A partir de entonces, cualquier hombre que estuviera cerca de las mujeres de Lemnos era asesinado, incluidos niños pequeños, lo que

las convirtió en personajes, además de apestosos (por culpa de Afrodita), vengativos y malvados también.

* * *

Algunos de los atributos con los que se relaciona a esta diosa son la manzana (por la manzana de la discordia que entregó Paris a Afrodita, la diosa más bella), las perlas, las conchas, los delfines y otros bellos elementos procedentes, como ella, del mar. Las rosas, que aparecen en varios de los mitos relacionados con ella, incluido como hemos visto el de su nacimiento y el de Adonis, el legendario origen de las rosas rojas. Tanto Afrodita como Venus (su homóloga romana) iban acompañadas en ocasiones por su hijo Eros (o Cupido para los romanos), un niño alado portador de arco y flechas con los que deshacía y hacía parejas de enamorados a su antojo. Otras veces, Eros también se representaba como adulto, especialmente junto a su enamorada Psique (véase la página 258).

Mochuelo

Armas

ATENEA

Diosa de la sabiduría
y de la guerra

Olivo

Égida

Atenea fue una de las diosas olímpicas y, además, una de las más importantes del panteón griego. Era la deidad de la sabiduría, la guerra y la protectora de las ciudades, siendo especialmente relevante su relación con Atenas, de la que era patrona. Aunque Ares también se consideraba el dios de la guerra, cada uno tenía una personalidad y un enfoque muy diferente de lo bélico. Mientras que Ares era un dios agresivo, que representaba lo más sangriento de la batalla, Atenea era una diosa defensiva y estratega. Atenea, además, se consideraba también patrona de los artesanos, labor en la que se podía solapar con el dios Hefesto, pero la diosa estaba más ligada a artesanías tradicionalmente relacionadas con lo femenino, como los bordados y tejidos.

Atenea contaba con numerosos epítetos, es decir, diferentes palabras con las que se la identificaba y adoraba, que mostraban una faceta concreta de su personalidad. Algunos de ellos eran Niké («victoriosa»), Promacos («la combatiente de primera línea»), Ergane («artesana») y Pártenos («virgen»), esto último por ser una de las tres diosas vírgenes del panteón griego junto con Artemisa y Hestia. Además, a Atenea se la conocía también como Palas Atenea, nombre que acuñó en honor a su compañera de aventuras de juventud, Palas, que murió debido a un accidente. Atenea decidió llevar su nombre para recordarla.

Tal como nos narra el poeta Hesíodo, Atenea fue hija de la titánide Metis, que personificaba la sabiduría, y de Zeus, pero su nacimiento se caracterizó por ser inusual. Cuando Metis se encontraba encinta se profetizó que los hijos que esperaba, un niño y una niña,

pondrían el reinado de su padre en peligro por ser la niña muy inteligente y el niño muy valeroso. Para evitarlo, Zeus decidió devorar a Metis y unos días después comenzó a sentir unos dolores de cabeza insoportables. Pidió ayuda a Hefesto, rogándole literalmente que le abriera la cabeza, ya que le era imposible soportarlo. Hefesto, muy resolutivo, le propinó entonces un hachazo en el cráneo (que para algo era el dios herrero) y de la cabeza de Zeus surgió ya adulta y completamente armada la diosa Atenea. A pesar del vaticinio, Atenea se convirtió en poco tiempo en una de las hijas favoritas de Zeus por su ingenio y astucia.

Tal como hicieron otros dioses, la diosa Atenea se involucró con frecuencia en los asuntos de los hombres, beneficiando a sus favoritos y buscando complicarles la vida a los que no gozaban del favor de la diosa o, en otras palabras, a los que le caían mal.

La fundación de Atenas

Uno de los primeros mitos en los que Atenea aparece involucrada fue el de la fundación de Atenas. Poseidón y ella se disputaron el patronazgo de la ciudad, intentando seducir a los habitantes con sendos regalos. Poseidón les ofreció una fuente de la que brotaba agua salada (algo no muy práctico) y Atenea les brindó el olivo. Evidentemente, los atenienses eligieron el olivo, convirtiéndose la diosa en la patrona de Atenas y el Partenón de la Acrópolis en el templo dedicado a Atenea Pártenos.

* * *

Como hemos comentado, Atenea era una diosa virgen, aunque tuvo un hijo adoptivo llamado Erictonio, un dios ateniense mitad hombre, mitad serpiente, producto del semen que Hefesto derramó sobre la tierra cuando intentó violar a la diosa. Uno de los principales héroes favorecidos por Atenea fue el célebre Perseo quien, aunque en el capítulo de los héroes lo conoceremos más en profundidad, fue el responsable de entregar a Atenea uno de sus atributos más característicos: la égida, una piel o escudo (según la representación a la que se

acuda) con la cabeza de Medusa. Otro de sus favoritos fue Odiseo (también conocido como Ulises). La diosa de la sabiduría ayudó al héroe a regresar a su hogar en Ítaca, tarea que al héroe le estaba resultando muy complicada tras enemistarse con el dios de los mares, Poseidón. Odiseo era conocido por su brillante mente y su ingenio. Fue un personaje crucial en la guerra de Troya, pues ideó el ardid del caballo de Troya. La inteligencia y el ingenio de Odiseo fueron los motivos por los cuales Atenea sintió simpatía por este héroe heleno.

Aracne

En el sector menos favorecido por la diosa, en el cual encontramos a sus principales víctimas, destaca Aracne, mujer lidia e hija del tintorero Idmón. Aracne se jactaba de ser la mejor tejedora del mundo, llegando a desafiar a Atenea, famosa por sus habilidades en esta disciplina al ser la diosa de la artesanía. Atenea, ofendida por la osadía de la joven, pero también sorprendida por sus habilidades, compitió con ella. Así, Atenea creó un gran e impresionante tapiz que narraba las hazañas de los héroes, mientras que Aracne decidió ridiculizar a los dioses (nunca es buena idea) eligiendo para ello un tema bastante polémico: los amoríos de las divinidades del Olimpo. Aunque el tapiz era perfecto, Atenea estalló en cólera al verlo, lo destruyó y convirtió a Aracne en una araña. Esta historia sugería que el

El Partenón de Atenas estaba dedicado a Atenea.

Atenea y Aracne.

arte de tejer tenía su origen en los arácnidos y sus asombrosas habilidades para tejer telas de araña.

Atenea tampoco era partidaria de los troyanos en general (y del príncipe Paris en particular) por haber elegido a Afrodita como la más bella diosa en lugar de a ella.

* * *

Los romanos identificaban a Minerva con Atenea. Los atributos de Atenea eran la lechuza (o el mochuelo), símbolo de sabiduría, las armas y la égida. Homero la describe como «la de glaucos ojos», haciendo alusión al brillante color de sus ojos, que podrían ser verdes claros o grises.

Tridente

Criaturas marinas

POSEIDÓN

Dios de los mares
y la navegación

Carro

Mar

Poseidón era el dios de los mares y de las batallas navales, además del patrón de los navegantes y los marineros. Poseía el poder de embravecer y calmar los mares, y era el responsable de los terremotos y los maremotos, que provocaba al golpear la tierra con su tridente, uno de sus atributos más identificativos. Por esto era temido por aquellos que se aventuraban en un trayecto por mar. Además, se lo asociaba con los caballos, ya que en su persecución a la diosa Deméter se transformó en caballo para seducirla, cuando ella ya había tomado la forma de una yegua para escapar y, de este modo, engendraron al caballo Arión.

A Poseidón se lo representaba como un hombre con barba y tridente, siendo sus atributos esta arma, los caballos y el pino, un árbol cuya madera solía emplearse para la fabricación de las naves marítimas, y de ahí su relación con el dios del mar. Su equivalente romano era el dios Neptuno.

Poseidón era hijo de los titanes Crono y Rea y, por tanto, hermano de Zeus, Hades, Deméter, Hera y Hestia. Como hemos visto en el capítulo anterior, Crono devoró a todos sus hijos excepto a Zeus que, cuando llegó a la edad adulta, liberó a sus hermanos y disputó la batalla contra los titanes. Cuando los dioses olímpicos se hicieron con la victoria, según algunas versiones, aún no estaba decidido con qué parte del mundo se quedaría cada dios. Zeus, Poseidón y Hades lo echaron a suertes, siendo el reparto el siguiente: Zeus se quedaría con los cielos; Hades, con el inframundo y Poseidón, con el mar.

Poseidón estableció su residencia en un palacio bajo las aguas del mar cerca de la isla de Eubea. Se esposa era la diosa del mar, Anfítrite, con la que fue padre de Tritón, al que se lo solía representar como un hombre con cola de pez y una caracola. No obstante, Poseidón tuvo muchas aventuras amorosas de las que nacieron varios hijos.

Además del caballo Arión con Deméter transformada en yegua y de Tritón con su esposa Anfítrite, Poseidón fue padre de Nauplio con Amimone. La danaide Amimone estaba siendo acosada por un sátiro y Poseidón acudió en su ayuda, pero se enamoró de ella y la dejó embarazada. Asimismo, el dios del mar tuvo un romance con Medusa, del que nacieron Pegaso y Crisaor. También se lo considera el padre de Teseo, uno de los héroes más importantes de la mitología griega, junto con Etra. Tuvo también un hijo con la ninfa Toosa, Polifemo, un cíclope que aparece en la *Odisea* y cuya disputa con Odiseo (o Ulises, como lo conocían los romanos) hizo que Poseidón desatara su ira contra el héroe, retrasando años y complicando su regreso a Ítaca.

Poseidón es reconocido además por participar en disputas territoriales con otros dioses, siendo la más célebre la que tuvo lugar con Atenea por el patronazgo de Atenas. Poseidón ofreció a los ciudadanos una fuente de agua salada, mientras que Atenea les concedió el olivo. Los atenienses vieron mucho más práctico el olivo (lógicamente) y Atenea resultó vencedora.

El dios Poseidón también se disputó con Hera la ciudad de Argos, perdiendo una vez más. No obstante, entró en disputa con el dios Helios por el istmo de Corinto, resultando, esta vez sí, ganador el rey de los mares.

Al igual que en el caso de otros dioses, Poseidón sentía simpatías y antipatías hacia ciertos mortales. El caso más célebre es el de Ulises, que ya hemos mencionado. Este, al cegar a su hijo el cíclope Polifemo, enfureció al dios y tuvo que vagar durante años por el mar sufriendo múltiples desdichas y retos para regresar con su mujer Penélope y su hijo Telémaco a su hogar en Ítaca tras la guerra de Troya. Minos, rey de Creta, también consiguió irritar al dios del mar. Minos pidió a Poseidón una señal divina para demostrar que era el rey legítimo de su isla. El dios atendió su petición al hacer surgir un toro del mar, con la única condición de que el toro fuera sacrificado en su honor. Minos al ver la belleza del toro fue incapaz de sacrificarlo, incumpliendo así su promesa. Poseidón, perplejo por la osadía del rey, decidió vengarse (por supuesto) haciendo que la mujer de Minos, Parsífae, se enamorara del toro. De esta especial relación nació el célebre Minotauro, un monstruo que aterrorizó Creta.

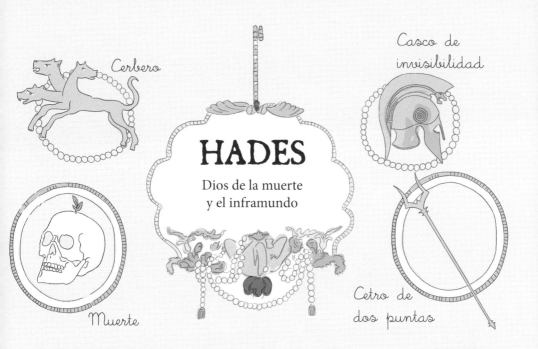

Cerbero

Casco de
invisibilidad

HADES

Dios de la muerte
y el inframundo

Muerte

Cetro de
dos puntas

Hades era el dios del inframundo, una de las deidades más importantes del panteón griego y también una de las más temidas. Hades se relacionaba con la muerte, incluso se consideraba su personificación. Su propio nombre es sinónimo de inframundo. No existen templos dedicado al dios Hades, pero se lo tenía muy presente, ya que el encuentro con él era inevitable. Sus representaciones no son muy frecuentes en el arte griego, pero se lo suele asociar con la imagen de un hombre con barba y de gesto serio portando un cetro de dos puntas y acompañado por su esposa, Perséfone, en un carro tirado por corceles negros. Además, el casco de invisibilidad fue el arma más poderosa de Hades en su lucha junto con sus hermanos en la Titanomaquia. Al igual que Zeus, Poseidón, Deméter, Hera y Hestia, era hijo de los titanes Crono y Rea. Cuando los dioses vencieron a los titanes, Poseidón, Hades y Zeus sortearon el dominio del mundo, siendo Hades desde entonces el responsable del inframundo. En Roma se lo identificaba con Plutón.

Su mito más famoso es el del rapto de su esposa Perséfone, hija de Deméter. Perséfone se encontraba recogiendo flores cuando Hades la raptó. Deméter se desesperó buscando a su hija. Este mito explica el origen de las estaciones. Perséfone debe pasar seis meses con su madre (primavera y verano) y seis con su esposo (otoño e invierno). En el siguiente capítulo, en el que aparece Perséfone, veremos este bello mito con mayor detalle.

Trigo

Cultivos

Ganado

Fuego

DEMÉTER

Diosa de la agricultura

Deméter era la diosa asociada con los cultivos, el grano y la agricultura, responsable de los alimentos y las estaciones, a las que también está ligada su hija Perséfone, con la que guardaba una estrecha relación. Deméter era una de las diosas principales del monte Olimpo. Hermana de Zeus, Poseidón, Hera, Hestia y Hades e hija de los titanes Crono y Rea, ostentaba una posición fundamental en el panteón griego, además de destacar por su papel de madre (*meter* significa «madre» en griego, por lo que constituye además parte de la raíz de su nombre). Deméter era símbolo de la fertilidad de la naturaleza y se la solía representar con gavillas de cereales como el trigo o la cebada y ocasionalmente con una antorcha, en búsqueda de su hija, raptada por Hades para convertirla en su esposa, mito por el que esta diosa es más conocida. También se la asocia con las amapolas, flor que posee muchas semillas, símbolo por este motivo de fertilidad. El mito del rapto de Perséfone dio origen a las estaciones y, aunque lo veremos en el capítulo siguiente, podemos resumirlo diciendo que los seis meses que Perséfone pasaba con su madre la tierra florecía y era fértil (se sucedían la primavera y el verano) y los seis que pasaba con su marido en el inframundo, la tierra se marchitaba y perdía su color, estaba triste, como Deméter (el otoño e invierno). En Roma se la identificaba con la diosa de la agricultura Ceres.

El rapto de Perséfone

Luna

Artemisa

ARTEMISA

Diosa de la caza
y la naturaleza

Arco y flechas

Cierva

Artemisa, también conocida como Artemis o Ártemis, era la diosa de la caza, la naturaleza virgen y la virginidad. Sus compañeras eran las ninfas, que vivían con ella en los bosques. Se trataba de la deidad protectora de la caza, los animales y los cazadores. La relación entre la caza y la diosa era tan estrecha que los cazadores debían agradecer a Artemisa cuando conseguían una presa, así como al animal directamente, guardando así una actitud de respeto hacia la diosa y el ciclo natural. Artemisa era una de las diosas principales del Olimpo, se la asociaba además con los nacimientos y se la solía representar con el arco y las flechas, además de ataviada con pieles de animales y un tocado en forma de luna menguante o cuernos. Su carro era tirado por cuatro bellas ciervas con cornamentas doradas y su protegida, una quinta cierva denominada la cierva de Cerinea, habitaba en libertad los bosques de su dominio. En su relación con la luna, se la vinculaba con las transiciones, especialmente hacia la edad adulta, tanto en mujeres como hombres. Además, también precisamente por esta asociación con el astro lunar, se la relacionaba con la diosa Selene (Artemisa llega a absorber sus funciones como diosa lunar) y con la diosa romana Diana.

Artemisa era hija de Zeus y la titánide Leto. Hera, celosa una vez más de una de las amantes de su marido, se vengó de Leto haciendo que su embarazo fuera mucho más largo de lo usual, lo que conllevó lógicamente muchas molestias a la titánide. Leto dio a luz a dos hermanos mellizos: Artemisa, diosa de la caza, y Apolo, dios de las artes, en la isla de Delos. También se consideraba su lugar de nacimiento

Éfeso, donde se encontraba su templo, una de las siete maravillas del mundo antiguo.

Artemisa es protagonista (o muchas veces coprotagonista con su hermano Apolo) de algunos mitos, donde podemos descubrir a la diosa:

Níobe

Los dos hermanos fueron los vengadores de su madre cuando Níobe presumió de ser más fértil que Leto (pues Leto solo había tenido a sus dos hijos y Níobe había engendrado muchos más). Los dioses mataron a todos los hijos de Níobe con sus flechas, dejando solo vivos a dos: un niño y una niña, para igualarlos a los hijos de la titánide Leto y así castigar a la osada mortal.

Acteón

Acteón fue un cazador al que devoraron sus propios perros como castigo por descubrir desnuda a la diosa Artemisa mientras tomaba un baño en un riachuelo del bosque.

Calisto

Calisto era una de las acompañantes de la diosa y, al igual que ella, había hecho voto de castidad. Zeus quiso seducirla y para ello tomó la forma de la propia diosa Artemisa, dejándola embarazada. Calisto fue madre de Arcas, y Artemisa decidió vengarse acabando con su vida con una flecha por romper su voto. Zeus se apiadó y convirtió a la madre y a su hijo en las constelaciones de la Osa Mayor y la Osa Menor.

Hipólito

Hipólito era hijo de Teseo e Hipólita, la reina de las amazonas. Era un gran cazador y adorador de Artemisa, pero cayó en el error de despreciar a la diosa Afrodita en favor de su preferida, la diosa de la caza. La historia de Hipólito está unida a la de su madrasta, Fedra, de la que se enamoró por designio de Afrodita.

Orión

Orión era un gigante cazador que fue puesto en las estrellas como constelación por la diosa Artemisa. La diosa tuvo un encuentro con Orión y su perro Sirio en la isla de Creta. Orión era diestro en el tiro con arco y un gran admirador de la diosa cazadora. En una de sus excursiones de caza intentó violar a Artemisa, y la diosa en defensa propia creó un escorpión —según algunas versiones, gigante y, según otras, uno pequeño— para acabar con la vida de Orión que con su veneno consiguió vencer al cazador. Artemisa convirtió a Orión y al escorpión en dos constelaciones y a su perro Sirio en una de las estrellas más brillantes del firmamento.

Lira

Laurel

Sol

APOLO

Dios de la música, la poesía
y las profecías

Trípode
sacrificial

Apolo era uno de los doce principales dioses del Olimpo, hijo de la titánide Leto y del rey de los dioses olímpicos Zeus. Apolo era el dios de la música, la poesía, la curación y también, al igual que su hermana melliza Artemis, se lo relacionaba con el tiro con arco. Aunque Helios era el dios del Sol, Apolo también se asociaba con este astro. Al igual que otros dioses, como Atenea, contaba con varios epítetos o sobrenombres que hacían alusión a sus atributos y características divinas. Así, Apolo era conocido también como Pitio (por acabar con Pitón, la gran serpiente que participó en el mito de la fundación del oráculo de Delfos), Febo («brillante»), Dafnéforo («portador de laurel») —veremos en las siguientes páginas el mito de Apolo y Dafne y por qué es la planta asociada a este dios— e Iatros («sanador»), por su estrecha relación con la medicina y la curación. El oráculo de Delfos, el más importante de la Grecia antigua estaba consagrado al dios Apolo, donde se encontraba su templo y acudían los mortales a la hora de tomar decisiones. Apolo nació en la isla de Delos junto con su hermana y, según cuenta el mito, su madre, Leto, se apoyó en una palmera para dar a luz, mientras que la titánide Temis lo crio alimentándolo del néctar de los dioses.

A Apolo se lo solía representar como un hombre joven y atractivo, sin barba y portador de una lira o cítara y del arco y las flechas, que eran sus armas favoritas. Se lo muestra radiante y joven, muchas veces ataviado con una corona de laurel. Los romanos también lo veneraron, especialmente en su faceta como curador.

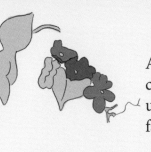

Apolo tuvo numerosos amantes —tanto hombres como mujeres— e hijos. Aunque precisamente una de sus historias más conocidas fue su intento fallido de romance con la ninfa Dafne.

Dafne: era una dríade (ninfa de los árboles) hija de Ladón, el dios del río, y Gea. Apolo estaba fascinado por esta ninfa. Era tan bella que intentó aproximarse a ella para tenerla en sus brazos, pero Dafne, aterrorizada, rehusó y pidió ayuda a su padre Ladón, que lo único que pudo hacer fue transformarla en un laurel para protegerla de Apolo. Este, desolado pero todavía henchido de amor por la ninfa, tomó el laurel como su árbol personal, luciendo en muchas ocasiones una corona de hojas de laurel, y convirtiéndolo en el símbolo de los victoriosos (aunque él ese día no triunfó en absoluto).

Casandra: princesa troyana a la que Apolo intentó conquistar, pero tampoco le salió bien. Apolo le ofreció el don adivinatorio a cambio de que tuviera un romance con él. Casandra rechazó al dios y este, ofendido, decidió darle de todas formas ese don, pero con un pequeño detalle que constituiría su venganza: nadie creería sus profecías. Casandra quedó condenada a saber lo que acontecería, pero sus advertencias serían siempre fútiles, ya que nunca serían tomadas en serio.

Jacinto: fue una de las más conocidas aventuras de Apolo, un joven mortal que sí aceptó el amor del dios. Sin embargo, el dios del viento del oeste, Céfiro, también estaba enamorado de este. Un día en que Apolo y Jacinto se encontraban practicando el deporte de tiro de tejo, Céfiro, cegado por los celos, se hizo con el control del disco impulsado por Apolo e hizo que se estrellara contra el cráneo de Jacinto, al que mató en el acto. De la sangre del joven mortal surgió la flor del jacinto.

Algunos de los hijos más conocidos de Apolo son Asclepio, dios de la medicina y la curación, y Orfeo, hijo de Apolo y Calíope, que era muy talentoso con la lira, al igual que su hermano Lino, que instruyó en música al legendario héroe Heracles. Apolo, además, fue retado por el sátiro Pan a una batalla de lira, en la que el dios resultó victorioso.

Casco alado

Sandalias aladas

Caduceo

HERMES

Dios del comercio, los viajes
y los engaños.
Mensajero de los dioses

Hermes (además de una marca de lujo estupenda, que por cierto toma el nombre del dios) era un dios mensajero. Sus sandalias o su casco alado (muchas veces portador de ambos accesorios) le servían para surcar los cielos rápidamente y transmitir mensajes de importancia entre los dioses e incluso a los mortales. Otro de sus atributos más fundamentales era el caduceo, vara con dos serpientes que hasta el día de hoy se sigue utilizando como símbolo del comercio. Aun así, Hermes contaba con otras funciones y atributos, se encargaba de guiar las almas de los fallecidos al inframundo y era el dios de las fronteras. Un busto de Hermes, el herma, marcaba los límites de las ciudades y las entradas a las casas. El dios romano Mercurio era su equivalente.

Hermes era considerado un dios muy inteligente y astuto incluso desde su nacimiento. Hijo del dios Zeus y la pléyade Maia, el mismo día de su nacimiento en una cueva del monte Cilene, en Arcadia, Hermes salió de su cuna y ya dio muestras de su precoz inteligencia y picardía. Primero inventó la lira, con un caparazón de tortuga y unas cuerdas. Después se encaminó a vivir sus aventuras, robando el ganado de su hermano Apolo. Tras cometer esta travesura, inventó las sandalias para caminar junto a las reses y el fuego para calentarse. Apolo, muy enfadado, fue a pedirle cuentas a Hermes, pero llegaron a un acuerdo y se convirtieron en buenos amigos a partir de entonces. Hermes devolvió su ganado a Apolo y le regaló la lira, que este aceptó con gran alegría convirtiendo al instrumento en uno de sus principales símbolos. Además, Apolo nombró a Hermes protector de los rebaños, y fue su guardián (y el de los pastores) desde entonces.

Hermes aparece en numerosos mitos, casi siempre en su papel de intermediario o mensajero. Así, fue el encargado de guiar a Hera, Atenea y Afrodita hacia el príncipe troyano Paris para juzgar cuál es la más bella de las tres, desencadenante mitológico de la guerra de Troya, que veremos en detalle en el capítulo dedicado a los héroes. Transmitió asimismo el mensaje de Zeus a Calipso para que permitiera continuar su viaje hacia Ítaca a Odiseo, al que ayudó además con la hechicera Circe. También fue el guía de Perséfone para salir del inframundo y reencontrarse con su madre, Deméter. Hermes también entregó a Perseo la hoz con la que consiguió derrotar a la terrible Medusa.

Vid

Sátiros

DIONISO

Dios del vino y de la fiesta

Vino

Teatro

Dioniso, también llamado Baco, dios del vino, era uno de los dioses más presentes en el día a día de los griegos. Junto con Deméter, diosa de las cosechas, se consideraba que el sustento aportado a la humanidad por su parte era del todo fundamental. Se trata de una de las deidades más antiguas. *Las Bacantes*, de Eurípides, es la fuente más importante que conservamos sobre este dios. Dioniso era hijo de Zeus y la princesa de Tebas, Sémele. Hera, celosa de las atenciones de su marido a la mortal, plantó en Sémele la siguiente duda: ¿será Zeus realmente un dios? Por este motivo, Sémele pidió a Zeus alguna prueba de su divinidad. Zeus, aunque intentó disuadirla al principio, acabó cediendo y se presentó ante Sémele en su forma divina, quedando ella reducida a cenizas al instante. Zeus consiguió rescatar a su hijo Dioniso del vientre de su madre y lo crio pegado a su muslo hasta que el niño dios nació. Cuando el niño creció, criado por las ninfas en el monte Nisa, comenzó a vivir sus aventuras. Dioniso emprendió un viaje marítimo hacia Naxos, pero unos piratas lo capturaron sin caer en que se trataba de un dios. Dioniso sembró el caos recubriendo el barco con vides y haciendo aparecer tigres y otras criaturas. Los piratas saltaron aterrados por la borda y tan solo el capitán del barco, Acetes, que lo había reconocido como dios, se salvó de la ira de este. La mujer de Dioniso fue la princesa cretense Ariadna, que después de haber sido abandonada por el héroe Perseo en la isla de Naxos, fue rescatada por el dios, que la hizo su esposa. Este mito a mí personalmente me ha ayudado siempre a superar rupturas, porque aunque Perseo te abandone en una isla, siempre puede llegar alguien mejor (el dios Dioniso) que te quiera, te aprecie y te adore, y que sea en todos los sentidos mejor que el que te dejó tirada. (Porque a buen dios del vino, quítese héroe traicionero). Apunte personal pero que necesitaba compartir con vosotros.

En cuanto a sus atributos, Dioniso solía ser representado como un hombre sonrosado por el vino, con una copa y una corona de parra o hiedra, sus plantas sagradas. Sus acompañantes eran los sátiros y los silenos, criaturas siempre dispuestas a festejar, desenfrenadas y lujuriosas, y las ménades (literalmente «las que desvarían»), mujeres poseídas por el dios, en trance místico y orgiástico. Además, Dioniso era considerado el responsable de la vitalidad de las plantas y su crecimiento, siendo por este motivo sus epítetos Karpos («fructífero»), Anteo («productor de flores») y Dendrites («dios de los árboles»). Compartía el monte Parnaso con su hermano Apolo, sin embargo, no podían resultar más antagónicos: Dioniso representaba el desenfreno, la alegría de vivir, la diversión y el éxtasis…, a Apolo en cambio, se lo asociaba con la belleza en el orden, lo comedido y sereno. Dioniso tenía gran importancia, pues suponía un descanso en la rutina, el placer por el placer, el contacto con lo instintivo y la diversión, por lo que era un dios de lo más popular entre los mortales, que lo veneraban indistintamente de la clase social o el género. En Atenas se representaban las obras teatrales en su honor, por lo que también era considerado el patrón del teatro.

HESTIA

Diosa guardiana
del fuego del hogar

Fuego del hogar

Asno

Hogar

Hestia era una de las deidades olímpicas, diosa protectora y personificación del fuego del hogar, fue la primera hija de los titanes Crono y Rea. Se trata de una diosa de gran importancia para los helenos, sin embargo, también bastante misteriosa, ya que al contrario que sus hermanos Zeus, Poseidón, Hades, Hera y Deméter, prefería mantenerse al margen de los asuntos de los hombres y no se inmiscuía en ellos. Hestia es considerada una diosa virgen y, aunque los dioses Apolo y Poseidón fueron sus pretendientes, los rechazó a ambos. Hestia, al mantenerse virgen y no querer unirse a ningún dios, fue fundamental para mantener la paz entre los dioses y, como agradecimiento, era adorada y recibía siempre los mejores sacrificios en los templos de todos los dioses, indistintamente de a qué dios estuviera dedicado el templo, siempre su hogar. Además, Hestia era también venerada en cada casa, estando siempre presente a través del fuego del hogar, un elemento importantísimo para la sociedad de la antigua Grecia. El fuego representaba una fuente de calor, de unión, el elemento indispensable para la vida, tanto en la preparación de los alimentos como en la unión simbólica entre los hombres y los dioses.

El fuego era considerado el centro del hogar, y en el *prytaneion*, el centro de las ciudades, siempre se encontraba el fuego de Hestia encendido.

En cuanto a su representación, a Hestia se la solía mostrar con prendas austeras y grises, aunque en esta ocasión he decidido vestirla con los colores del fuego que personificaba y protegía. El burro o asno es el animal que se asociaba con la diosa Hestia. El tocado de cabeza de burrito, inspirado en el que lleva Mozart en la película *Amadeus* en forma de unicornio, es un elemento que hace referencia a este animal asociado a la diosa, pero no se trataba de un atributo de esta, más bien se trata de una licencia artística que me he tomado. En una ocasión, Hestia salió a pasear y vio un burrito atado a un árbol. Decidió recostarse junto a él y descansar. Príapo, un dios menor hijo de Dioniso y Afrodita, la confundió con una ninfa y se aproximó a ella para seducirla. El burro rebuznó para avisar a Hestia, que se despertó y gritó, lo que hizo que los dioses del Olimpo acudiesen en su ayuda. A partir de ese día, Hestia cogió gran cariño a los burros y los convirtió en uno de sus atributos.

* * *

Normalmente se considera que los dioses del Olimpo son doce, o en ocasiones hasta catorce. En este capítulo he decidido incluir los catorce, pues se trata de las deidades más importantes y veneradas en la Grecia clásica. A continuación, veremos otras deidades menores que son protagonistas o personajes secundarios de muchas historias fantásticas.

CAPÍTULO IV

OTRAS DEIDADES

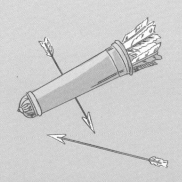

SELENE

Diosa de la Luna

Selene era la celestial diosa y personificación de la Luna. Se trataba de una titánide de segunda generación, hija de Hiperión y Tea, según la *Teogonía*. A Selene se la representaba como una bella mujer ataviada con un tocado en forma de medialuna (muchas veces dispuesto como unos cuernos) o portadora del propio astro lunar. Fue criada por Tetis junto a su hermano Helios, el dios y personificación del Sol que conoceremos próximamente. Después de que Helios termine su viaje a través del cielo en su carro dorado durante el día, Selene lo sustituye en la noche y ocupa su lugar en el firmamento. En uno de los mitos asociados a esta diosa, Selene pide a su madre que le confeccione un traje que se ajuste a su cuerpo. La madre de Selene es incapaz de hacerlo, debido a la mutabilidad de la Luna con sus diferentes fases. En otro la diosa Selene convierte al pastor Lileo en el monte del mismo nombre, ya que este mortal solo mostraba devoción a la diosa lunar y había conseguido enfurecer a los otros dioses, que enviaron a dos leones para que lo despedazaran. Selene mostró su lado más cruel con el sátiro Ámpelo, que se comparó con la diosa por tener como ella cuernos y montar en un toro. Selene envió un tábano que picó al toro haciendo que Ámpelo cayera y muriera corneado por el agitado toro.

Posteriormente, a Selene se la identifica con la diosa Artemisa, asumiendo esta su función lunar. En Roma, el equivalente de Selene es la diosa Luna, que también se identificó con el equivalente romano de Artemisa, la diosa Diana.

HELIOS

Dios del Sol

Se trataba del dios y la personificación del Sol, uno de los titanes de segunda generación hijo de Hiperión y Tea, y hermano por tanto de Selene, diosa de la Luna, y Eos, diosa de la aurora. A Helios se lo representaba como un hombre joven que recorre el cielo durante el día en un carro tirado por dos toros dorados o brillantes caballos. Más tarde, fue directamente sustituido por el dios Apolo, que como él representaba al Sol, pero que también contaba con otros atributos y características. El equivalente romano a Helios era Sol.

Uno de los mitos más conocidos sobre este dios fue el de su hijo Faetón. Faetón era hijo de Helios y Clímene y quiso demostrar a sus amigos que el dios del Sol era efectivamente su padre, pues ellos no le creían. Faetón, tras mucha insistencia, consiguió convencer a Helios para que le diera su permiso para conducir su dorado carro durante un día. Helios trató de disuadirlo, pues la tarea no era sencilla, pero ante la insistencia de su hijo acabó cediendo. Como era esperado, Faetón no fue muy habilidoso en la conducción del carro. Primero voló demasiado alto provocando que la Tierra se oscureciera y se enfriase. Después trató de rectificar, acercándose, esta vez demasiado, y las plantas se secaron y comenzaron a arder. Faetón no consiguió rectificar la trayectoria del carro, por lo que Zeus intervino lanzando un rayo que provocó su muerte y lo transformó en el río Erídano (actual Po). Sus hermanas las helíades, apenadas, fueron transformadas en álamos y sus lágrimas en ámbar.

EOS

Diosa de la aurora

Eos era la diosa y la personificación de la aurora. Era la encargada de anunciar la llegada de su hermano Helios, surgiendo de su morada en el límite del océano. Con frecuencia se la designaba con el epíteto homérico Rododáctila («de sonrosados dedos»). Al igual que Helios y Selene, era hija de los titanes Hiperión y Tea y, por tanto, titánide de segunda generación. Eos tuvo varios amantes a los cuales secuestró para obtener su favor: Céfalo, Clito, Orión y Titono. Titono era hermano del rey troyano Príamo y uno de los amantes más célebres de la diosa de la aurora. Además, era el padre de Ganímedes, el joven troyano amante de Zeus y copero de los dioses. Eos pidió para Titono la inmortalidad, pero olvidó la eterna juventud. Por este motivo, Titono se tornaba cada vez más y más anciano, hasta que la diosa de la aurora se compadeció de él y lo convirtió en una cigarra (¡problema resuelto!). Eos y Titono tuvieron dos hijos varones: Ematión y Memnón. Este último luchó y murió en la guerra de Troya. La estampa representada en diversas cerámicas griegas de Eos con Memnón muerto sobre su regazo, al igual que la de Tetis con Aquiles, se considera el antecedente de la Piedad cristiana.

La diosa del amor, Afrodita, castigó a Eos por haber tenido un romance con su amante favorito, el dios de la guerra, Ares. Los romanos asociaron a Eos con su diosa de la aurora, Matuta, más tarde conocida como Mater Matuta.

NIX

Diosa de la noche

Nix o Nicte era la diosa de la noche, una de las deidades más antiguas según la *Teogonía* de Hesíodo: «del Caos surgieron Érebo y la negra Nicte».

Nix solía representarse y describirse como una deidad oscura, muchas veces vestida con ropajes negros y acompañada por estrellas. Esta diosa tuvo mucha descendencia, algunos de los cuales eran dioses menores del panteón griego. Con su hermano Érebo (oscuridad) tuvo a Éter (luminosidad) y a Hemera (el día). Sin padre concibió también varios hijos, según la *Teogonía* de Hesíodo: «al maldito Moros (destino); a la negra Ker y a Tánatos (muerte); también a Hipnos (sueño) y la muchedumbre de los oniros (los sueños); a Momo (Burla); a Ezis, pletórica de dolores; a las Hespérides (las hijas del atardecer); a las moiras (tejedoras del destino); a las keres inhumanas, vengadoras implacables; a Némesis (castigo divino); azote para los hombres mortales; a Ápate (engaño); a Filotes (amistad o ternura; al abrumador Geras (vejez) y a la tozuda Eris (discordia)».

Nix era una deidad misteriosa y oscura con escaso culto, pero presente frecuentemente en textos y templos dedicados a otras deidades.

IRIS

Diosa del arcoíris

Iris era una deidad y personificación asociada con el arcoíris, que anuncia el pacto y la unión entre los dioses y los hombres.* Al igual que Hermes, también aparece en numerosos mitos como mensajera de los dioses, especialmente de la diosa Hera. Iris era hija de Taumante y de la oceánide Electra y hermana de las arpías y de Arce. Se la solía representar como una joven virgen con alas, volando veloz a través del cielo, el océano o el inframundo, al que podía acceder libremente. También aparecía con frecuencia acompañada del propio arcoíris o con ropajes multicolor que hacen referencia a este fenómeno meteorológico. Muchas veces Iris es asimismo portadora de un jarrón con agua del río Estigia que porta por orden del rey de dioses, Zeus. Con el agua de este jarrón provoca entrar en un pesado sueño a todos aquellos que causan perjurio. Iris es además la encargada de suministrar a las nubes el agua que más tarde se convertirá en lluvia. De entre las múltiples historias en las que podemos encontrarla como mensajera, destacan sus intervenciones en la guerra de Troya. Iris fue quien avisó a Menelao del secuestro de Helena, impidió a las diosas Hera y Afrodita participar en la guerra y aconsejó a Aquiles para recuperar el cadáver de Patroclo.

* En la Biblia el arcoíris también es el símbolo de unión entre Dios y la humanidad, después del gran diluvio universal y el arca de Noé.

EOLO

y otros
dioses de los vientos

Eolo era el dios de todos los vientos y el responsable de controlar a los anemoi, deidades específicas para cada tipo de viento, favorables y desfavorables. Como sociedad con una cultura naval muy importante, los griegos eran conscientes de la importancia de los vientos en la navegación, tanto para cuestiones bélicas como para el comercio y las comunicaciones. Por ello, sacrificaban corderos blancos para propiciar los vientos favorables y negros para evitar los desfavorables.

Según Hesíodo los vientos beneficiosos eran cuatro, hijos de Astreo y Eos: Noto (viento del sur) traía las tormentas de finales de verano y comienzos del otoño; Bóreas (viento del norte) era el encargado de los duros vientos invernales, conocido por su fuerte carácter; Euro (viento del este) traía calor y lluvia y, por último, Céfiro (viento del oeste) era el más suave de todos, conocido por las brisas y su dulce carácter. Los vientos destructivos eran hijos de Tifón, menos presentes en las fuentes antiguas, pero igualmente dignos de conocer. Eran conocidos como los anemoi Thuellai (vientos de tormenta), y eran cuatro al igual que los vientos beneficiosos. Cecias (viento del noroeste) era el encargado de arrojar granizo y se lo representaba como un hombre viejo y huraño; Coro (viento del noroeste) encarnaba el viento frío y seco, también representado como un anciano; Libis (viento del sudoeste) aparecía como un hombre joven y fuerte, con elementos navales, y por último, Apeliotes (viento del sudeste) residía cerca del dios Helios y hacía madurar la fruta.

EROS

y los erotes

Los erotes eran los dioses del amor, compañeros del dios Eros, personificación del amor romántico e hijo de Ares, el dios de la guerra, y Afrodita, la diosa del deseo y la belleza, aunque también se lo considera uno de los dioses primordiales según Hesíodo. Mientras que su madre, Afrodita, se consideraba principalmente diosa del amor hacia las mujeres, Eros abarcaba más bien el campo de la atracción; así, era el responsable de lanzar flechas de amor de oro para crear atracción entre las parejas, pero también podía generar del mismo modo la repulsión de uno de los amantes con sus flechas de plomo. Suele ser representado, como los demás erotes, como un niño alado y se lo distingue por ser portador del arco y las flechas, aunque también puede ser representado con una lira o con flores.

Otros erotes son Anteros (dios del amor correspondido y vengador del amor no correspondido e hijo de Afrodita y Ares), Hímero (dios del deseo sexual y también hijo de Afrodita y Ares), Himeneo (dios de las ceremonias de matrimonio e hijo de Afrodita y Dioniso), Hedílogos (dios de la seducción y el engatusamiento), Hermafrodito (al que dedicaremos unas páginas a continuación y que representa la unión total entre un hombre y una mujer), Peito (dios del cortejo e hijo de Afrodita y Hermes) y Potos (dios de la nostalgia y el anhelo amoroso).

HERMAFRODITO
Dios de la unión entre
hombre y mujer

Aunque solía considerarse uno de los erotes, Hermafrodito destacaba por una cualidad singular: poseía atributos tanto femeninos
como masculinos.

Hermafrodito fue fruto de la unión entre el dios Hermes y la
diosa Afrodita, y de la fusión de sus dos nombres surgió el suyo.
Hermafrodito nació siendo un niño muy bello. Su madre, Afrodita,
lo entregó en el monte Ida a las ninfas para que ellas lo criaran. El
niño creció y se convirtió en un joven muy apuesto.

Un día de verano Hermafrodito decidió darse un baño en un lago
cerca de Caria. Al desnudarse y entrar en el agua, la náyade Salmacis* notó su presencia y se enamoró de él por su gran belleza. Inmediatamente, Salmacis se introdujo en el lago desnuda y abrazó con
fuerza a Hermafrodito, quien cogido por sorpresa trató de resistirse
a la náyade. Salmacis imploró a los dioses en el forcejeo que jamás
permitieran que sus cuerpos se separaran y ellos, atendiendo a su
súplica, provocaron que ambos jóvenes se fusionaran en un solo
cuerpo, quedando así Hermafrodito convertido en un ser de doble
sexo. Del nombre de Hermafrodito proviene el término «hermafro-
dita», que hace referencia precisamente a la persona o criatura con
atributos de ambos sexos.

---

* Las náyades son ninfas de agua dulce. Descubre los diferentes tipos de ninfas en
las páginas 279-286.

MORFEO

Dios del sueño

Morfeo era en gran medida un dios misterioso. Esta deidad aparece exclusivamente en las *Metamorfosis* de Ovidio y se trata de una deidad asociada con los sueños y lo onírico. Morfeo era hijo de Hipnos, personificación del sueño, que a su vez descendía de Nix, la diosa de la noche. En el palacio de Hipnos, donde no brillaba nunca el sol, crecían amapolas y otras plantas que influían en el sueño y la «hipnosis» (palabra que procede precisamente de este dios). Hipnos tomó como esposa a una de las cárites, Pasítea, por intervención de la diosa Hera. Con ella Hipnos tuvo a los oniros, mil hijos entre los que destacaron tres: Morfeo (puede tomar cualquier forma en los sueños), Fobétor (adquiere formas de animales en los sueños) y Fantaso (aparece con formas inanimadas en los sueños).

Morfeo es capaz de introducirse en los sueños y tomar cualquier forma en ellos para transmitir mensajes, pero prefiere especialmente las humanas, siendo capaz incluso de transformarse en familiares o seres queridos de la persona dormida. Así sucede en el mito de Ceix y Alcíone. Este cuenta que el barco de Ceix naufragó y Hera le pidió a Iris, su mensajera, que le dijera a Morfeo que le hiciera llegar a Alcíone la noticia de la muerte de su marido. Morfeo tomó la forma de Ceix a través de un sueño y así lo hizo.

En la actualidad la expresión «estar en los brazos de Morfeo» sigue haciendo alusión a encontrarse dormido.

PERSÉFONE

Diosa de la primavera
y del inframundo

Se trataba de una diosa con una doble vertiente: por un lado, simbolizaba la primavera y el renacer de la naturaleza y, por otro lado, era la diosa del inframundo. Esta dualidad encuentra explicación por el rapto de Hades a Perséfone, uno de los mitos más conocidos de la mitología griega y que puedes encontrar ilustrado en las páginas 118-119. Perséfone era hija de Deméter, la diosa de los cultivos. Perséfone se encontraba recogiendo flores con algunas ninfas cuando Hades, dios del inframundo y hermano de Zeus, surgió de las profundidades del inframundo en su carro tirado por negros caballos y secuestró a la joven. Deméter, al desconocer el paradero de su hija, inició su búsqueda y provocó que la tierra dejara de dar frutos y se congelara. Mientras tanto en el inframundo, Hades trataba de convencer a la joven Perséfone para que fuera su esposa, prometiéndole ser un buen marido y, además, por supuesto, convertirla en la reina del inframundo. Deméter, furiosa y disgustada, siguió sin dejar a la tierra ser fructífera, hasta que Zeus, al percatarse del problema que esta situación generaba, trató de convencer a Hades para que devolviera a Perséfone a su madre. No obstante, Perséfone ya había comido unos granos de granada en el inframundo, lo que teóricamente le impedía abandonarlo. Gracias a la mediación de Zeus consiguieron acordar que Perséfone pasaría seis meses con su madre en la tierra y seis meses con su marido en el Hades. De esta forma se explican las estaciones: los seis meses que Deméter está con su hija son la primavera y el verano, y los otros que están separadas son el otoño y el invierno.

PAN

Dios de los pastores
y las brisas

Pan era una deidad menor de la naturaleza en forma de sátiro. Se trataba del dios de los pastores y los rebaños, pero también era conocido por su comportamiento lascivo y gamberro, siendo en muchas ocasiones famoso por perseguir a las ninfas. Pan era hijo de Hermes y de una ninfa (a la cual menciona Homero en uno de sus himnos sin ofrecernos el nombre), pero según otras versiones descendía de Zeus o incluso de titanes. Pan formaba parte del alegre cortejo del dios de la fiesta Dioniso y habitaba una gruta del monte Parnaso junto con las ninfas. Era frecuentemente representado como un sátiro con una vara de pastor y con el instrumento que lleva su nombre: la flauta de Pan. El alegre y afable comportamiento de este dios solo se veía alterado por dos motivos: si era despertado de la siesta o a causa de su gran apetito sexual, razón por la cual también esta deidad se relaciona con la naturaleza salvaje.

Pan tuvo numerosas amantes e intereses amorosos, entre los que destacan Selene (la diosa de la Luna), Dafnis (hijo de Hermes), la ninfa Eco (conocida por el mito de Narciso y Eco que puedes descubrir en la página 260) y la ninfa Siringa. Además, entre la descendencia del dios destacan los panes, de madre desconocida, con cabeza de cabra y cuerpo de hombre: Argeno, Celaines, Dafoineo, Egícoro, Eugenio, Fobo, Filamno, Janto, Glauco, Omestes y Forbas.

PRÍAPO

Dios de la fertilidad

Príapo era un dios más relacionado con la naturaleza, en su caso concreto, con la fertilidad tanto de animales como de plantas. También era una deidad vinculada con la fertilidad masculina y, por ese motivo, se lo representaba con un gran falo erecto, símbolo de la fuerza de la naturaleza y su capacidad de reproducción. En el mundo romano, Príapo se convirtió en un motivo frecuente en pinturas de carácter humorístico (sí, dibujar un pene ya les parecía gracioso a los romanos) e incluso en la literatura, surgiendo así los Priapeos, una colección de unos ochenta poemas en honor a este dios.

Príapo era considerado hijo de Afrodita y Dioniso, lo que explica su naturaleza claramente sexual, pero también humorística. Hera, para condenar las frecuentes aventuras amorosas de Afrodita, provocó que fruto de la unión con Dioniso naciera un niño especialmente poco agraciado y con unos genitales muy grandes.

Príapo además guarda una relación estrecha con los asnos. Cuando la diosa virgen Hestia se encontraba dormida, Príapo trató de violarla, pero los rebuznos de un asno despertaron a la diosa a tiempo y se convirtió en flor de loto, frustrando así el intento del dios. Por ese motivo, en las festividades dedicadas a la diosa del fuego del hogar, Hestia, se corona a los asnos con flores.

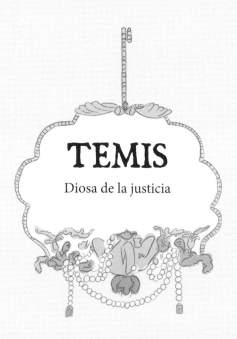

TEMIS

Diosa de la justicia

Se trataba de la diosa de la justicia, y su representación con una espada en una mano y en la otra una balanza, así como frecuentemente con los ojos vendados, perdura hasta nuestros días. Temis fue una de las primeras titánides y responsable del orden universal, destacaba por su aguda mente e inteligencia. Era madre de algunos de los más relevantes personajes de la mitología griega: con Zeus, de las horas y las erinias, que conoceremos en las siguientes páginas; de las ninfas de Eridano,* Astrea (que pasó a ser la constelación de Virgo) y también de Prometeo.

Según el mito, la propia Temis fundó el oráculo de Delfos y fue su sacerdotisa, cediéndoselo más tarde a su hermana Febe, madre de Apolo, a quien acabó siendo dedicado este oráculo, el más importante de Occidente en la Antigüedad. Temis además fue la titánide que cuidó al dios Apolo tras su nacimiento.

En la mitología romana se asocia con la diosa Justicia, que también representa el orden natural de las cosas.

---

* Las ninfas son criaturas mitológicas con forma de mujer que habitan la naturaleza. Puedes descubrir los diversos tipos de ninfas en las páginas 279-286.

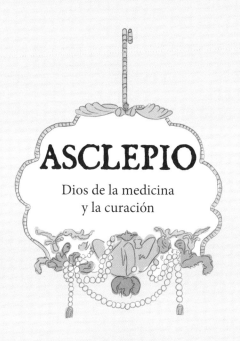

ASCLEPIO

Dios de la medicina
y la curación

Asclepio, Esculapio para los romanos, era el dios de la medicina y la curación, y el mito de su nacimiento explica por qué los cuervos son de color negro (nada menos). Se lo suele representar con una vara natural donde aparece una serpiente enroscada, de forma similar, pero no idéntica, al caduceo de Hermes. Asclepio contaba con varios santuarios entre los que destacaba el de Epidauro, donde existía una escuela de medicina. El maestro de Asclepio fue el sabio centauro Quirón, que también instruyó a otros héroes como Aquiles en el monte Pelión. Atenea y Apolo también intervinieron en la formación del joven Asclepio, por ejemplo, la primera le regaló sangre de gorgona. Las habilidades curativas del joven héroe Asclepio eran tan formidables que se comenzó a rumorear que podía devolver la vida a los muertos, por lo que Zeus acabó con él, pero lo elevó al estatus de divinidad. Asclepio era hijo del dios Apolo y de la mortal Coronis. Apolo estaba profundamente enamorado de Coronis, hija del rey de Tesalia Flegias. No obstante, Coronis se hallaba a su vez prendada de un mortal, con quien mantuvo relaciones sexuales, al igual que con Apolo. Este dios, que había encargado a un cuervo custodiar a su amada, entró en cólera al saber que Coronis lo había traicionado con un mortal, y transformó el hasta ese momento níveo plumaje del cuervo en negro como la noche. Desde entonces todos los cuervos son negros.

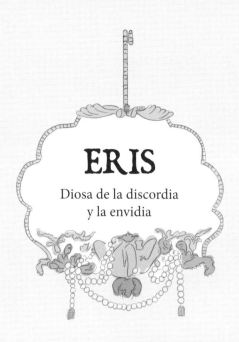

ERIS

Diosa de la discordia
y la envidia

Eris o Éride era la diosa de la discordia y la personificación de la envidia. Muchas veces es directamente denominada Discordia. Eris era considerada hija de Nix, la oscura personificación de la noche, o en otras fuentes descendía de Hera y Zeus. Eris fue madre de otras temibles divinidades tal como narra Hesíodo en su Teogonía. Ponos (trabajo), Lete (olvido), Limos (hambre), Algos (dolor), también a las hisminas (disputas), las macas (batallas) y los fonos (matanzas), entre otros.

El mito más famoso donde participa Eris comienza con las bodas de Tetis y Peleo, a las que no fue invitada. Esto desató su furia y dio lugar, por supuesto, al juicio de Paris, desencadenante mitológico de la guerra de Troya, que veremos más adelante. A pesar de no recibir invitación, Eris aparece en la ceremonia con la manzana de la discordia, que llevaba la inscripción KALLISTI («para la más hermosa»). Hera, Atenea y Afrodita comenzaron a disputarse la manzana. El rey de los dioses, Zeus, para quitarse de encima la responsabilidad de elegir entre ellas, le encargó al príncipe troyano Paris hacer de juez. Hermes, como mensajero de los dioses, le transmitió el mensaje a Paris y cada diosa intentó sobornarle con diversos dones para ser elegida: Hera le ofreció poder y posesiones; Atenea, sabiduría y destreza militar; y Afrodita, el amor de la mujer más bella del mundo, Helena de Esparta. Paris eligió a Afrodita, raptó a Helena, y así comenzó la guerra de Troya.

HÉCATE

Diosa de la brujería

Hécate era una de las deidades (si no la que más) más sombría y misteriosa de entre los dioses de la Grecia clásica. Era hija única de la titánide Astrea y, por tanto, una de las deidades más antiguas. Dentro de los dioses menores fue una de las más adoradas en los hogares, estableciendo su dominio en la hechicería, las artes oscuras, la brujería, la necromancia y todo tipo de cuestiones mágicas. Se la solía representar con antorchas o llaves y, aunque las primeras representaciones de la diosa son simples (una sola mujer), más adelante aparecía como diosa triple, simbolizando las tres edades de la mujer: doncella, mujer madura y anciana. Según Hesíodo, Hécate era una diosa con grandes poderes, regalo de Zeus, e intervenía en muchos campos, tanto entre los mortales como entre los dioses o los héroes. Poseía unos grandes conocimientos de las diferentes hierbas y plantas medicinales, y era capaz de otorgar grandes dones a los mortales que eran de su agrado, favoreciendo su éxito y fortuna si la adoraban convenientemente. Su estrecha relación con la magia también provocó que la imagen de Hécate fuera empleada como amuleto protector. Hécate fue una diosa que no se casó, pero sí tuvo descendencia, ya que todos los grandes hechiceros mitológicos fueron considerados hijos de Hécate. Además, Medea, una de las mujeres más importantes de la mitología griega, era sacerdotisa de esta diosa.

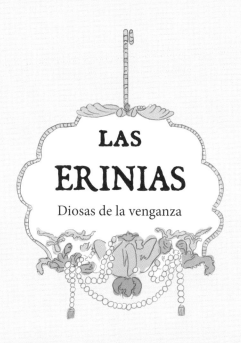

LAS
ERINIAS

Diosas de la venganza

Las erinias o euménides, antífrasis que se empleaba para no pronunciar su nombre real y provocar su ira, eran las diosas de la venganza y persecutoras de criminales. Otro de los nombres que toman es furias. Las erinias nacieron de la sangre derramada sobre Gea (la Tierra) cuando Crono castró a Urano, por lo tanto, se trata de deidades anteriores a los dioses del Olimpo que moran en las profundidades del inframundo, en el Érebo o en el Tártaro. Solía considerarse que las erinias eran tres: Alecto, Megera y Tisífone. La representación de las erinias solía ser monstruosa: mujeres con serpientes por cabellos, garras y vestidas con pieles de animales, otras veces con alas de murciélago, pero siempre aterradoras. Las erinias eran conocidas por ser especialmente perseverantes a la hora de perseguir criminales tanto en la vida como después de la muerte en el inframundo, donde se encargaban de acosarlos y asustarlos sin descanso. Una de sus víctimas más célebres fue Orestes, hasta tal punto que el dios Apolo tuvo que intervenir para calmar su furia. Tal como hemos visto en la historia de Clitemnestra, Orestes fue responsable de la muerte de su madre (Clitemnestra) y de su padre, Egisto. Tras el asesinato, que en realidad constituía a su vez una venganza, Orestes cayó preso de la locura, en parte por labor de las erinias, encargadas de perseguirlo y atormentarlo hasta los confines de la tierra para que no encontrara descanso por haber acometido tan terrible crimen.

OTRAS TRIADAS

Las cárites, las horas
y las moiras

Las cárites

Eran tres elegantes y jóvenes mujeres. También son conocidas como las Tres Gracias. Eran hijas de Eurínome y Zeus y sus nombres eran Aglaya (belleza), Eufrósine (Júbilo) y Talia (Abundancia). Eran parte del séquito de hermosas criaturas asociadas a Afrodita.

Las horas

Son las personificaciones del orden natural, las estaciones y el paso del tiempo y son también una triada, aunque posteriormente llegaron a ser más. Las tres originales fueron Eunomia (orden), Dice (justicia) e Irene (paz).

Las moiras

Personificaban al destino y decidían sobre la vida y la muerte de los mortales, en la mitología romana eran conocidas como Parcas. Eran representadas como tejedoras. Nix era su madre y sus nombres eran Cloto (la que enhebraba el hilo), Láquesis (la que decidía la longitud del hilo) y Átropos (la que cortaba el hilo). El hilo simbolizaba la vida de cada mortal. Eran unas deidades respetadas por todos por su importancia, incluso el gran Zeus las tenía en gran consideración.

LAS
MUSAS
Diosas de las artes
y los artistas

LAS MUSAS

Las musas son deidades asociadas con las diferentes disciplinas artísticas e inspiración de los propios artistas. Eran hijas de Zeus y de Mnemósine y pertenecientes al séquito de Apolo. Se las invocaba frecuentemente en las obras literarias, incluso en la *Ilíada* y en la *Odisea*:

> Háblame, musa, de aquel varón
> de multiforme ingenio que, des-
> pués de destruir la sacra ciudad
> de Troya, anduvo peregrinando
> larguísimo tiempo […].

> *Odisea*, Canto I

Las musas eran nueve y cada una representaba una rama artística diferente:

CALÍOPE: Musa de la elocuencia y la poesía épica. Amante de Apolo y madre, con él, de Orfeo.

CLÍO: Musa de las epopeyas, de la historia. Suele ser representada con una trompeta y un libro.

ERATÓ: Musa de la poesía amorosa lírica, se la suele representar ataviada con flores, especialmente rosas, en sus cabellos. También fue amante de Apolo, con quien tuvo a Tamiris.

EUTERPE: Musa de la música. Se la representa con una flauta y con flores en los cabellos.

MELPÓMENE: Musa de las obras teatrales trágicas, de la tragedia. Su atributo más característico es una máscara trágica.

POLIMNIA: Musa de los himnos y la poesía sacra.

TALÍA: Musa de la comedia y la poesía bucólica. Se la consideraba abundante y muy presente en los festejos.

TPERSÍCORE: Musa del baile y la poesía coral. También fue amante de Apolo, con quien tuvo a Lino.

URANIA: Musa de la astronomía y las ciencias. Suele ser representada con instrumentos de medida y mapas.

OTRAS DEIDADES: PERSONIFICACIONES

Además de los dioses olímpicos y de algunos de los dioses menores que ya hemos visto, en la antigua Grecia existían multitud de personificaciones, es decir, personajes mitológicos que encarnaban alguna virtud, defecto o concepto y que participaban en mayor o menor medida en la vida de los hombres. Muchos de ellos descendían de los dioses más importantes y eran considerados deidades menores. En las próximas páginas podrás conocer la mayoría de ellas de manera breve, ya que se trata de personajes mucho menos relevantes que los que ya hemos conocido en capítulos anteriores.

ACESO: Personificación del proceso de curación, hija de Asclepio.

ADEFAGIA: Diosa y personificación de la gula.

ADICIA: Diosa de la injusticia y la mala suerte. Forma parte de las macas, espíritus de las batallas y los combates.

AFELEIA: Personificación de lo fácil y sencillo, en un buen sentido.

AIDOS: Personificación femenina que representa el pudor, la humildad y el decoro, virtudes tradicionalmente femeninas.

AIÓN: Personificación de la fuerza vital que hace que los mortales sigamos vivos.

ALALA: Personificación del grito de guerra a la hora de comenzar un combate. Forma parte de las macas.

ALGOS: Personificación del dolor y la pena.

ALKE: Personificación del coraje y la valentía.

ALÉTHEIA: Personificación de la verdad.

AMECANIA: Personificación de la impotencia y compañera de Penia (pobreza) y Ptokenia (mendicidad).

ANAIDEIA: Personificación de la desvergüenza y la crueldad.

ANANKÉ: Personificación de la fuerza del destino.

ANDROCTASIAS: Personificaciones de las muertes ocurridas en las guerras, hermanas de las hisminas (pugnas), las macas (guerras) y los fonos (asesinatos) e hijas de Eris.

ANFILOGÍAS: Personificaciones de las discusiones y las disputas, hijas también de Eris.

ANGELIA: Personificación de las noticias y los avisos, hija de Hermes.

ÁPATE: Personificación de los engaños y los fraudes, uno de los males que salió de la caja de Pandora.

APELIOTE: Dios menor del viento, concretamente del sudoeste, del que es personificación.

ARAE: Personificaciones femeninas de las maldiciones de los asesinados a sus asesinos, habitaban el inframundo.

ATEA: Personificación de las acciones impulsivas y sus nefastas consecuencias, de los errores cometidos.

AURA: Diosa y personificación de la brisa, forma parte del séquito de Artemisa.

BÍA: Personificación femenina de la violencia y la fuerza, hija del titán Palas y Estigia.

CARPO: Una de las horas y personificación del verano y sus frutos.

CERCIAS: Personificación de uno de los dioses menores de los vientos, el viento del noroeste.

CIDEMO: Personificación del caos en la batalla.

COALEMO: Personificación de las acciones insensatas, ignorantes y estúpidas.

CORO: Personificación del desdén y el hartazgo.

CRATOS: Personificación masculina de la guerra, la violencia y la fuerza.

CRISO: Espíritu y personificación de las riquezas y el oro.

DEIMOS: Personificación masculina del terror y el espanto, compañero e hijo del dios Ares y de su hermano Fobos.

DIKÉ: Personificación de la justicia en el mundo de los mortales y los asuntos terrenales.

DISEBIA: Personificación de la impiedad en contraposición a Eusebia.

DISNOMIA: Espíritu femenino que personifica lo ilegal y el desorden, formaba parte de los males de la humanidad.

DOLOS: Personificación de los engaños y los ardides. Hijo de Éter y la Tierra, contraparte de Alétheia.

ELEOS: Personificación de la misericordia y la piedad, contraparte de Anaideia.

ELPIS: Diosa que personifica la esperanza. Se la representa con flores y portando la cornucopia.

EPIALES: Espíritu y *daemon** de las pesadillas o malos sueños, era parte de los oniros (espíritus de los sueños).

EPIFRÓN: Personificación de la prudencia y la reflexión.

ERGÍA: Personificación de la pereza.

EUCLEA: Personificación del honor y de la buena reputación. Suele representarse junto a Afrodita.

EUFEME: Personificación de las buenas palabras (cumplidos, gritos de júbilo y triunfo, aplausos…).

EULABEIA: Personificación de la discreción y la reflexión, del comportamiento discreto.

EUNOSTO: Diosa del grano, la harina y los molinos.

EUPRAXIA: Personificación de la buena reputación.

EUSEBIA: Espíritu de la piedad, la compasión y el deber.

EUTENEA: Personificación de la abundancia y prosperidad. Era la opuesta de Penia (pobreza) e hija de Hefesto y Aglaya, así como hermana de Euclea (reputación), Eufema (aclamación) y Filofrósine (amabilidad).

---

* Los *daemons* eran espíritus guardianes que hacían de intermediarios entre los dioses olímpicos y los humanos. También es un término que se refiere, de forma genérica, a un espíritu o deidad indeterminada.

EZIS: Personificación de la tristeza y la angustia.

FANTASO: Uno de los onirios, personificación de los sueños, causa los sueños sobre objetos inanimados.

FEME: Personificación de los rumores, los cotilleos y la fama.

FILOFRÓSINE: Personificación de la bondad y la amistad. Hija de Hefesto y Aglaya.

FILOTES: Personificación de la ternura.

FOBÉTOR: Otro de los onirios, personificaciones de los sueños. Aparecía en los sueños en forma de animal.

FOBOS: Personificación del horror, hermano de Deimos e hijo y compañero de Ares, dios de la guerra.

FONOS: Espíritu maligno hijo de Eris que personifica los asesinatos.

FRICE: Personificación del horror.

GELOS: Personificación y deidad de la risa, forma parte del séquito de Dioniso.

GERAS: Personificación de la vejez y opuesto a la juventud, Hebe.

HEDONÉ: Personificación del placer sexual. Hija de Eros y Psique.

HEMENA: Personificación femenina del día, hija de Érebo (la oscuridad) y Nix (la noche).

HIBRIS: Personificación masculina del orgullo y la arrogancia, el intento de desafiar a los dioses, el mayor defecto posible.

HIMARMENE: Diosa del destino, del orden natural y consecuente de las cosas.

HIPNOS: Personificación del sueño, hermano de Tánatos e hijo de Nix.

HISMINAS: Personificaciones de las discusiones, hijas de Eris.

HOMONOIA: Personificación de la concordia y oposición a Eris.

HORME: Personificación del esfuerzo.

KAKÍA: *Daemon* que representa el vicio, se muestra como una mujer poco agraciada y vanidosamente vestida.

LAMPETIA: Personificación de la luz, una de las helíades (hijas de Helios).

LETE: Personificación de uno de los ríos del Hades (olvido), el cual al beber sus aguas provocaba olvidar todo lo vivido.

LIBIS: Personificación del viento del suroeste, uno de los ánemi.

LIMOS: Personificación del hambre, hija de Eris.

LISA: Personificación de la ira y la locura, hija de Nix.

LITAÍ: Personificaciones de las súplicas y las oraciones a los dioses.

MACAS: Espíritus de las batallas y los combates. Hijas de Eris, aunque esta tuvo muchos hijos, no todos eran macas.

MANÍAS: Diosas menores relacionadas con la locura.

METE: Personificación de la embriaguez, formaba parte del séquito de Dioniso.

MOMO: Personificación del ingenio y el sarcasmo.

MORMO: Espíritu que mordía a los niños que se portaban mal, similar a un vampiro.

MORO: Personificación masculina del destino y la suerte, hijo de Nix.

NIKÉ: Diosa de la victoria, asociada a Atenea y representada como una pequeña mujer alada.

NÉMESIS: Diosa de la venganza y la fortuna.

ONIROS: Mil hermanos que simbolizan los sueños y pueden transmitir mensajes mediante el sueño.

PALIOXIS: Una de las Macas, hijos de Eris, personificación de la retirada en la batalla.

PEITARQUIA: Personificación de la obediencia.

PENTO: Personificación de los lamentos, las lágrimas, especialmente ante los fallecimientos. Pento es la responsable de que a las personas que suelen lamentarse les lleguen más motivos para lamentarse y así sigan honrándole.

PISTIS: Personificación de la confianza.

PÓLEMO: Personificación de la guerra y la batalla y una de las macas.

PONOS: Hijo de Eris, personificación del esfuerzo.

PROIOXIS: Personificación de la persecución.

PSIQUE: Personificación del alma humana y amante de Eros, coprotagonista de uno de los más bellos mitos de amor de la mitología griega (véase la página 258).

PTOKENIA: Personificación de la mendicidad y acompañante de Penia (pobreza), Aporia (dificultad) y Amecania (falta de recursos). Sus opuestos son Pluto (riqueza) y Euthenia (prosperidad).

PTONO: Personificación de la envidia y los celos, hija de Nix y Érebo. Asesinó a todas sus esposas por celos, ya que siempre sospechaba de ellas y pensaba que eran adúlteras.

SOFROSINA: Personificación de la moderación. Hija de Érebo y Nix.

SOTER: Personificación de la seguridad.

TÁNATO: Personificación de la muerte natural, sin violencia, gemelo de Hipnos, el sueño, hijos ambos de Nix.

TELÉSFORO: Representación de la recuperación de la enfermedad, asociado con Asclepio.

TIFÓN: Personificación de los huracanes, monstruo muy poderoso y alado.

TIQUE: Personificación del destino y la fortuna, podía favorecer a los mortales de manera aleatoria y se pensaba que sus decisiones eran cambiantes y poco fiables.

TRASO: Personificación de la audacia, en un sentido más bien negativo.

YÁLEMO: Personificación de los cantos fúnebres, hijo de Apolo y la musa Calíope, hermano de Himeneo.

ZELO: Personificación de la rivalidad y hermano de Niké (victoria), Cratos (fuerza) y Bía (violencia).

CAPÍTULO V

LOS HÉROES

Los mortales que acometieron las grandes
hazañas que han llegado hasta
nuestros tiempos

Perseo dispuesto a conseguir la cabeza de la gorgona Medusa asistido por la diosa Atenea.

PERSEO

El gran héroe Perseo fue engendrado por Zeus y la princesa Dánae de Argos, hija del rey Acrisio. Acrisio recibió una terrible profecía: su nieto sería su asesino y le arrebataría el poder. Debido a ello el rey encerró a su hija en una caja de bronce para que no pudiera concebir descendencia y, por tanto, no se cumpliera la temible profecía. Zeus se transformó en lluvia de oro, penetró la caja y dejó encinta a Dánae, dando lugar al nacimiento de Perseo. Acriso, atónito y apenado, pero completamente obsesionado con evitar su destino, encerró a su hija y al niño en un baúl y los tiró al mar, pero este consiguió llegar a las costas de Serifos y el buen pescador Dictis acogió a madre e hijo y los presentó ante su hermano, el rey Polidectes, que quedó prendado de Dánae y le propuso unirse a él en matrimonio.

Perseo para entonces ya era un joven que demostraba mucha destreza en la lucha y una gran inteligencia, lo que hizo que la diosa de la sabiduría y la estrategia, Atenea, se interesara por él y decidiera protegerlo. Polidectes no podía evitar ver al hijo de su amada como un rival, no solo por competir en atención y cariño con Dánae, sino por temor a perder su trono ante tan valioso joven. Por este motivo, el rey pidió a Perseo un único regalo de bodas: la cabeza de la gorgona Medusa. Esta petición llevaba consigo un secreto y una trampa: todo aquel que miraba a Medusa a los ojos quedaba inmediatamente petrificado, convertido en piedra para siempre. Perseo guiado por el honor se dirigió a la aventura que lo llevaría a completar su azarosa tarea, plagada de dificultades y peligros.

En primer lugar, Perseo necesitaba conocer dónde se encontraban las gorgonas, monstruosas y peligrosas mujeres con serpientes por cabellos, así como las armas para conseguir derrotarlas. Con este fin se encaminó a visitar a las grayas, no sin antes haber recibido un mensaje de Hermes y Atenea con instrucciones para encontrar a las viejas, que ya nacieron con cabellos grises y compartiendo un solo ojo y un solo diente. Cuando Perseo apareció y preguntó a las grayas, estas se mostraron muy reticentes a ayudar al héroe. Perseo entonces les arrebató su ojo y su diente, y ellas decidieron darle la información con la condición de que les devolviera tan valiosos atributos. Perseo se dignó a dárselos y las grayas, cumpliendo su palabra, le indicaron que las armas que necesitaba para derrotar a las gorgonas las poseían las ninfas del norte y le mostraron al héroe el camino que seguir hasta ellas. Las ninfas del norte se encontraban mucho más solícitas a ayudar a Perseo y le entregaron valiosos presentes: unas sandalias aladas, un saco de cuero y un casco que otorgaba el don de la invisibilidad a aquel que lo portara. Además obtuvo del veloz Hermes una hoz, y la sabia Atenea le otorgó un escudo muy pulido, tanto que su superficie era perfectamente reflectante y Perseo podría usarlo para enfrentarse a Medusa sin mirar directamente a sus mortales ojos. Perseo, provisto de tan valiosos y necesarios artilugios, se dirigió a la cueva donde habitaban las temibles criaturas, las gorgonas, entre las que se encontraba Medusa. Al llegar allí, el héroe encontró a las espantosas mujeres descansando y se aproximó con sigilo para localizar a Medusa. Al llegar hasta ella, siempre con el brillante escudo de Atenea reflejando lo que sucedía a su alrededor, seccionó el cuello de Medusa con la hoz, introdujo la cabeza en el saco agarrándola por las serpientes que conformaban la cabellera del monstruo y huyó de la cueva de las gorgonas rápidamente, gracias a las sandalias aladas, evitando la mirada del resto de gorgonas, que, furiosas, intentaron atraparlo sin éxito. Durante su huida, de la cabeza chorreante de la sangre de Medusa nacieron el caballo alado Pegaso y Crisaor. Perseo entonces emprendió un veloz regreso al reino de Polidectes y consiguió salir victorioso de su peligrosa aventura.

Durante el retorno a Serifos, Perseo se encontró con varios personajes. Al comienzo no halló vientos favorables y dio con el titán Atlas, el encargado por castigo de Zeus de sostener la bóveda celeste. Para ganarse el favor de Atlas y que le permitiera pasar la noche en sus dominios, Perseo decidió impresionarlo presumiendo de linaje: le anuncia que es hijo de Zeus, y con ese motivo esgrime que debía ser acogido y cobijado por el titán ante el mal tiempo. Sin embargo, esa no era la mejor estrategia para que Atlas accediera, ya que años atrás se había profetizado que un hijo de Zeus robaría las manzanas doradas del jardín de las Hespérides, hijas de Atlas. Por ese motivo, al oír que Perseo era hijo de Zeus, Atlas pensó que se trataba de aquel hijo del dios que perpetraría el robo y se negó a darle cobijo. Perseo entonces, enfurecido, sacó la cabeza de Medusa del saco y la mostró ante el titán, que quedó inmediatamente convertido en piedra, formándose así la cordillera africana que lleva su nombre, la cordillera del Atlas, y que sostiene, todavía hoy día y según el mito, el cielo. Perseo también pasó por otras tierras africanas. En Etiopía encontró a la princesa Andrómeda, encadenada a unas rocas en la escarpada costa. Andrómeda había sido castigada por la vanidad de la reina Casiopea, que se jactó de que tanto su hija como ella eran

La bella Andrómeda encadenada a las rocas.

más bellas que las nereidas, ninfas de los mares e hijas del dios marítimo Nereo, hijo de Pinto, dios primordial del mar. El padre de Andrómeda, el rey, decidió sacrificar a la hija para aplacar la ira del dios de los mares. Perseo dio muerte al monstruo marino que estaba a punto de asesinar a la bella joven, así como a su tío y también pretendiente Fineo, llevándose así a Andrómeda de vuelta con él a Serifos, donde de nuevo sacó la cabeza de Medusa del saco para convertir a Polidectes en piedra, pues este, en la ausencia del joven Perseo, había sido cruel con su madre Dánae y con su hermano, el pescador Dictis. Una vez finalizada su prodigiosa hazaña, Perseo entregó sus armas a Hermes para que las devolviera de inmediato a las ninfas del norte, con la excepción de la cabeza de Medusa, que entregó a Atenea. Ella la fundió con su escudo y desde ese día le sirvió como uno de sus distintivos más característicos (y que puedes ver representado en la ilustración de la diosa de la página 102).

Perseo entonces nombró regente de la isla de Serifos al buen pescador Dictis y regresó junto con su madre al reino de Argos para vengarse y enfrentarse a su abuelo, Acrisio, quien al conocer que no solo seguían con vida, sino que Perseo se había convertido en un gran héroe, decidió huir despavorido de su tierra intentando que la profecía no se cumpliera. Sin embargo, cuando un día Perseo se encontraba compitiendo al tiro de disco en Larisa, este voló tan lejos que alcanzó a Acrisio y acabó con su vida, demostrando este mito una vez más que ningún mortal puede escapar de su destino. Perseo entregó el reinado de Argos a su primo Megapentes y este a su vez le otorgó el suyo en Tirinto. Perseo y Andrómeda fundaron una de las dinastías más importantes de la mitología, la dinastía perseida, a través de sus siete vástagos. Entre ellos destacan Perses, padre legendario de los reyes de Persia; Esténelo, padre de Euristeo, que conoceremos a través del héroe legendario Hércules, y Electrión, padre de Alcmena, madre de Hércules, parentesco que convertiría a Perseo en abuelo de otro de los más importantes héroes antiguos.

En la historia de Perseo podemos además encontrar la explicación y el origen mitológico de algunas de las más importantes constelaciones antiguas: Perseo, Andrómeda, Casiopea y Cefeo. Como era costumbre entre los dioses, tras la muerte de estos mortales de extraordinaria historia, fueron convertidos en constelaciones para que se los recordara por siempre y los mortales, a través de ellas, no pudieran olvidar las valiosas lecciones extraídas de sus hazañas. Puedes encontrar un mapa de las cuarenta y ocho constelaciones catalogadas por Ptolomeo en las páginas 288-289 y el origen de Medusa en la página 267.

Belerofonte y Quimera.

BELEROFONTE

Belerofonte es uno de los primeros héroes y, aunque era hijo presuntamente del dios Poseidón, sus padres terrenales fueron Eurínome y el rey de Corintio, Glauco, que a su vez era hijastro del hijo de Sísifo (conocerás la historia de Sísifo en la página 267). Las dos grandes hazañas de Belerofonte fueron domar al caballo alado Pegaso y matar a Quimera, un temible monstruo híbrido de cabra, león y serpiente, que además escupía fuego por la boca como si de un dragón se tratara. La historia de Belerofonte, sin embargo, desvela también los peligros de la arrogancia, ya que por excepcionales que sean las hazañas y el carácter de un mortal, su relato demuestra que siempre se debe mostrar respeto a los dioses y conocer el orden natural de las cosas.

Belerofonte es el claro ejemplo de que la soberbia puede ser el mayor de los defectos de un hombre.

La historia de este héroe comienza cuando de manera accidental causa la muerte de su hermano o, según otra versión, la muerte de un tirano corintio, Belero, del que Belerofonte toma su nombre. Según esta última versión, el verdadero nombre del héroe era Hipónoo y, tras el asesinato de Belero, pasa a llamarse Belerofonte o Belerofontes (en griego «asesino de Belero»). En cualquier caso, tras este terrible accidente, Belerofonte, hundido por la pena y el remordimiento, huyó de Corintio y comenzó un largo viaje que le llevó a las costas del reino de Tirinto. En el reino de Tirinto, en el Peloponeso oriental, nuestro héroe pidió cobijo al rey Preto y conoció a la reina, Antea. Esta quedó prendada de la belleza del joven Belerofonte y se enamoró de él, confesándole su amor. Sin embargo, Belerofonte no correspondía a la reina y rechazó sus afectos. Ella, despechada, decidió ejecutar una terrible venganza: declaró ante el rey que Belerofonte había intentado seducirla y exigió que fuera castigado adecuadamente. Para los griegos, la hospitalidad era un pacto sagrado, por lo que el rey prefirió no ejecutar al héroe para no desatar la furia de los dioses. Decidió entonces enviarlo de emisario al reino de Licia, dominio del padre de Antea, el rey Yóbates, con una carta donde confesaba su crimen dirigida a este. Belerofonte accedió, desconociendo que en la carta que portaba llevaba la confesión del intento de violación a la reina Antea y la petición del rey de Tirinto a su suegro para que ejecutara al joven.

Cuando Belerofonte llegó al reino de Licia y el rey Yóbates leyó la carta, tampoco quiso mancharse las manos de sangre, por lo que decidió enviar al joven a una misión prácticamente suicida: le pidió que matase a la monstruosa Quimera, que aterraba a los pastores y acababa con el ganado en sus tierras. Belerofonte consultó al adivino Poliido, que le recomendó domar al caballo alado Pegaso para completar su misión. Gracias a la ayuda de Atenea, que entregó al joven una brida de oro para domar al caballo, Belerofonte consiguió llevar a cabo esta tarea con éxito. En otras versiones Atenea fue la que directamente le entregó a Pegaso domado, pero en cualquier caso, una vez armado y a lomos del corcel alado, Belerofonte se dispuso a enfrentarse a Quimera. El héroe primero le lanzó flechas desde el aire, para más tarde clavar su lanza en las fauces de la bestia y conseguir, así, acabar con su vida. Cuando el joven volvió al reino de Licia, el rey decidió tenderle una emboscada para acabar con su vida, pero no lo consiguió y el monarca, muy impresionado por la inteligencia y la fortaleza del joven, le entregó en matrimonio a su hija pequeña Filónoe, de forma que a la muerte del impresionado rey Belerofonte heredaría el trono de Licia. Este inesperado giro de los acontecimientos, así como las proezas del joven héroe, no tardaron en llegar a oídos de Preto y de Antea, y esta, presa de la vergüenza, decidió acabar con su propia vida.

Aunque la historia podría haber tenido un final feliz si el héroe se hubiera conformado con su destino como mortal y rey de Licia, Belerofonte cometió el terrible error de equipararse a los dioses. A lomos del caballo alado Pegaso, decidió subir más y más en el cielo para alcanzar el Olimpo, pero Zeus, percatándose de la osadía del joven, envió un tábano para que picara al caballo. Belerofonte no fue capaz de tranquilizar al corcel que, presa del pánico, lo arrojó al vacío. Belerofonte cayó sobre la llanura Aleya y, malherido, fue condenado a vagar en soledad el resto de sus días. Pegaso, libre, consiguió subir hasta el Olimpo y los dioses lo transformaron en la constelación de su mismo nombre.

Heracles enfrentándose a la hidra de Lerna, uno de sus doce trabajos.
También luchó en la laguna contra el cangrejo Carcinos.

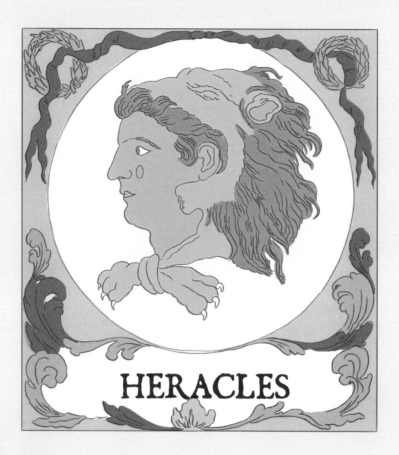

HERACLES

Heracles, o Hércules para los romanos, fue hijo de Zeus y la mortal Alcmena —lo que lo convierte en nieto de Perseo—. Zeus yació con Alcmena, para lo cual se hizo pasar por su marido, Anfitrión de Tebas, y más tarde, Alcmena también yació con el verdadero Anfitrión, por lo que quedó doblemente encinta: Heracles fue fruto de su unión con Zeus e Ificles de su unión con Anfitrión. Al nacer, Heracles en realidad recibió el nombre de Alceo, en honor a su abuelo, pero fue ya en la edad adulta cuando Apolo, a través de la pitia, le dio el nombre de Heracles en referencia a su papel como servidor de la diosa Hera. Pero ¿por qué nuestro héroe estaba al servicio de la diosa? Eso lo descubriremos a continuación.

Hera, conocida por su celosa naturaleza, no podía soportar que su marido Zeus tuviera aventuras amorosas con otras diosas y mortales, y en muchas ocasiones llegaba a odiar tanto a las mujeres que amaba Zeus como a los frutos de estas relaciones. Así fue el caso con el joven Heracles. Todo comenzó cuando Alcmena se encontraba en el culmen de su embarazo; Zeus anunció que el niño que naciera esa misma noche en el palacio sería uno de los más grandes reyes jamás conocidos. Hera, por un lado, provocó que el primo de Heracles, Euristeo, naciera esa misma noche. Y por otro, también movida por los celos, provocó que el parto de Alcmena se retrasara. Pidió a su hija Ilitia —diosa de los partos— que se cruzara de piernas ante los aposentos de Alcmena para impedir que la mortal se pusiera de parto. Hera logró su objetivo y retrasó el parto dos meses. Aunque lo hubiera pospuesto para siempre, la criada de Alcmena, Galantis, consiguió engañarla. Galantis anunció que ella había asistido ya el parto y Hera e Ilitia la creyeron, desistiendo en su oposición al nacimiento, pues pensaron que ya había sucedido. En ese momento, por fin Alcmena pudo dar a luz a sus dos hijos.

Un tiempo después de nacer, la diosa Hera envió dos serpientes a la cuna de Heracles para que acabaran con el bebé, pero el niño, demostrando una fuerza totalmente fuera de lo común, estranguló a una serpiente con cada mano.

Pasaron los años y el joven Heracles destacó por su inteligencia y fuerza. No obstante, también en su juventud fue rebelde y sucumbía a ataques de ira que preocupaban a su padre adoptivo, Anfitrión. En uno de esos episodios, Heracles mató a su maestro de música, Lino, al golpearle con una lira en la cabeza tras recibir una regañina. Heracles fue absuelto del asesinato, pero su padrastro lo envió al campo para completar su educación, lejos del palacio y preocupado por el futuro del joven.

En esos años de juventud Heracles ya era un personaje conocido que destacaba por haber realizado diversas proezas dignas de un héroe. Una de ellas fue matar al león de Citerón, que no dejaba de dar quebraderos de cabeza a los pastores, pues acababa con sus ganados.

LOS DOCE TRABAJOS DE HERACLES

Años más tarde, convertido ya en un joven adulto, Heracles se casó con la princesa Megara, hija de Creonte, y tuvo varios hijos con ella. Hera, todavía rencorosa hacia el hijo de Zeus, provocó que Heracles, en un brote de locura, acabara con la vida de su familia. Heracles, al ver lo que había hecho, desapareció presa del dolor y la pena. Fue su hermano Ificles quien lo encontró y lo animó a buscar guía en el oráculo de Delfos. Heracles se encaminó hacia allí y en el oráculo recibió un importante mensaje de la pitia: como penitencia por su lamentable conducta debía cumplir una serie de trabajos que su primo Euristeo —quien había ocupado el trono que legítimamente le correspondía a Heracles si Hera no hubiera retrasado su nacimiento— le dispondría. Heracles, devastado pero dispuesto a cumplir con el designio de los dioses, se dirigió de vuelta a Micenas, donde encontró a Euristeo ya dispuesto a encomendarle su primera misión, muy bien asesorado por la diosa Hera, que estaba deseosa de ver a Heracles hundido e incapaz de incumplir las diez tareas que tenían preparadas para él.*

---

* En un primer momento fueron diez trabajos, pero Euristeo no dio por válidos dos de ellos, por lo que en última instancia serían doce.

I. MATAR AL LEÓN
DE NEMEA

El primer trabajo que Euristeo preparó para Heracles fue acabar con el león de Nemea y entregarle su piel. Aunque la tarea, en un primer momento, podía parecer sencilla para el joven, no se trataba de un león cualquiera, sino uno monstruoso. Además Heracles no tardó en percatarse, al tratar de atacarlo primero con flechas, de que el león era inmune a sus ataques, de hecho, su piel era tan fuerte que no podía ser traspasada por ningún arma mortal. Heracles, haciendo uso de su ingenio, esperó a que el león se abalanzara sobre él con la intención de devorarlo para atinarle un puñetazo dentro de sus fauces, haciendo que este se ahogara, aunque también se dice que lo asfixió con sus propias manos. Heracles tenía presente que este no era el final de la tarea, debía desollar al animal. El joven sabía que ningún arma serviría para tal fin e ideó una ingeniosa solución: arrancarle la piel con las propias garras del monstruo. De esta manera consiguió completar satisfactoriamente su primer trabajo y se vistió a partir de ese día con la piel del león como armadura.

2. MATAR A LA HIDRA
DE LERNA

El segundo de los trabajos encargados por Euristeo fue matar a la hidra de Lerna, una terrorífica criatura. Euristeo era tan cobarde que encargó este trabajo a Heracles a través de un mensajero, al igual que los diez restantes, ya que cuando vio a su primo entrar en la ciudad ataviado con las pieles del león de Nemea sintió verdadero pavor y se escondió en una tinaja.

Heracles se encaminó a realizar su siguiente tarea. La hidra era una temible criatura, hija de Equidna y Tifón y criada por Hera en el lago de Lerna. Se trataba de un monstruo con múltiples cabezas, con un aliento que provocaba la muerte y con la peculiaridad de que cada vez que una cabeza era cortada crecían dos en su lugar, por lo que resultaba prácticamente imposible acabar con ella. Sin embargo, no para Heracles, quien en esta ocasión contó con la ayuda de su sobrino Yolao. Lo primero que idearon los jóvenes fue cubrirse la cara con telas para que el aliento de la hidra no pudiera afectarles. Aunque Heracles probó en un primer momento a cortarle las cabezas para acabar

con su vida, no tardó en darse cuenta de que efectivamente era imposible: por cada cabeza que le cortaba al monstruo le crecían dos en su lugar. Por ese motivo, encargó a Yolao una tarea que en apariencia no tenía relación con la lucha, pero con la que Heracles demostró de nuevo su ingenio. Mandó a su primo a quemar un bosque cercano, y con las ramas prendidas que acercó a Heracles, cada vez que este cortaba una cabeza Yolao la cauterizaba, impidiendo que crecieran otras nuevas. Poco a poco fueron librándose de todas las cabezas de la hidra hasta quedar tan solo la principal y más aterradora, que según la leyenda era inmortal. Al cortar esta cabeza, no solo cauterizaron la herida, sino que los jóvenes la enterraron y Heracles, gracias a su gran fuerza solo equiparable a su gran ingenio, cogió la más grande de las rocas y la colocó encima de los restos del animal. Este último ardid surtió el efecto deseado y, por fin, consiguieron dar muerte a la aterradora criatura. Heracles decidió bañar la punta de sus flechas en la sangre de la hidra para que así fueran venenosas para cualquier otro contrincante que pudiera encontrarse. Hera, atónita, decidió realizar un último intento —algo desesperado— para impedir que Heracles completara con éxito su segunda tarea, enviándole otra criatura habitante del lago de Lerna: el cangrejo Carcinos. Este nuevo contrincante no supuso ningún problema para nuestro joven héroe y simplemente acabó con él aplastándolo. Hera, agradecida al cangrejo por su pequeña contribución, decidió elevarlo a los cielos y así se formó una de las constelaciones zodiacales: Cáncer. La hidra también fue convertida en una brillante constelación para conmemorar su valiente enfrentamiento contra Heracles, y el joven consiguió así completar con éxito, y agradecido a su primo Yolao por su ayuda, la segunda de sus tareas. No obstante, ni Hera ni Euristeo consideraron oportuna la contribución del joven Yolao y dieron por anulado este trabajo. Heracles finalmente debió realizar un trabajo más para compensar este.

3. CAPTURAR A LA CIERVA DE CERINEA

Heracles comenzó su tercer trabajo con el ánimo bastante bajo tras la anulación de la segunda de sus pruebas. Cavilante se dirigía a Cerinea. En esta ocasión, Euristeo le había pedido capturar la cierva de Cerinea, completamente intacta, sana y —lógicamente— viva. Pero antes un poco de contexto: ¿qué tenía de especial esta cierva para que su captura supusiera un verdadero desafío? Para saberlo, debemos retroceder a cuando la diosa Artemisa vislumbró en una de sus cacerías a cinco ciervas de majestuosas proporciones, cornamenta de oro y arrebatadora belleza. La diosa —experta en el arte de la caza— decidió capturarlas, pues eran las criaturas perfectas para tirar de su carro. Consiguió apresar a cuatro de ellas, pero por mucho que lo intentó la quinta siempre se escapaba. Asombrada por la inteligencia y el sigilo del animal, Artemisa decidió dejarla vivir libre bajo su protección. Por eso mismo era un verdadero desafío capturarla. Ni la mismísima Artemisa lo había conseguido.

Heracles, tras caminar varios días, por fin avistó al animal. Su fama era más que merecida: de asombroso tamaño y belleza, la cierva solo tuvo que oír un pequeño crujido, provocado por el joven con una pequeña ramita, para huir y desaparecer casi flotando en el bosque. Heracles no podía atraparla por la fuerza, y tampoco con ninguna ingeniosa artimaña que dañara al animal, así que ideó lo siguiente: seguiría a la cierva muy de cerca, el tiempo necesario, hasta que ella necesitara descansar y entonces la atraparía. La persecución duró un año entero, atravesando montes y bosques, pero Heracles no perdió el rastro del animal, observándolo en la distancia. En un momento dado, tal como predijo el joven, la cierva necesitó tomar un descanso y beber agua de un riachuelo. En ese instante, Heracles o bien lanzó una red sobre ella, o bien consiguió atraparla entre sus brazos hasta dejarla exhausta. La cargó sobre sus hombros y se disponía a volver a Micenas cuando se le apareció la diosa Artemisa, junto con su hermano Apolo, para preguntarle, básicamente, a dónde pensaba que iba con la cierva, pues era suya y estaba bajo su protección. Hércules, con el máximo de los respetos, se presentó y le explicó a Artemisa su situación. La diosa se mostró comprensiva y benevolente, y le pidió a Heracles que devolviera la cierva al bosque sin ningún rasguño una vez la presentara ante Euristeo para completar su trabajo. Por supuesto Heracles le prometió hacerlo así y partió de regreso hacia el reino de Micenas. A Euristeo y a Hera no les quedó más que asumir que otra tarea había sido completada y esa vez, sin ningún motivo que reprochar a Heracles, aceptaron su hazaña. A Heracles solo le quedaba cumplir su pacto con Artemisa y así, una vez presentada la cierva ante el rey, volvió al lugar donde la encontró y, tras asegurarse de que estaba sana y salva, la dejó libre. Artemisa y su hermano Apolo se mostraron complacidos, y el noble carácter de Heracles hizo que se ganara la simpatía de ambos dioses, que se unieron a observar sus hazañas desde aquel momento.

4. ATRAPAR AL JABALÍ
DE ERIMANTO

De camino a Erimanto para completar su cuarto trabajo, Hércules decidió hacer una pequeña parada para visitar al centauro Folo, uno de sus viejos amigos. Este, muy alegre de ver a su antiguo compañero, decidió mostrarle su hospitalidad: compartió con él su comida, pero no le ofreció vino. Heracles, extrañado, le preguntó el porqué de su conducta, ya que no era habitual, y este le contestó que el vino no era solo suyo, sino también de los demás centauros, y ellos podrían enfadarse si lo bebían sin avisarlos. Heracles, pensando que su amigo exageraba, le insistió en brindar juntos y Folo cedió, ya que realmente estaban pasando un muy buen rato y la ocasión lo merecía. En cuanto llenaron sus copas, atraídos por el olor del vino, aparecieron en la cueva de Folo todos los centauros, muy indignados y violentos por no haber sido invitados al banquete. Ante tal hostilidad, Heracles se enfrentó a ellos con sus flechas venenosas, y acabó así con gran parte de estos y provocó la huida los demás. Folo, maravillado por el poder de las flechas (que habían conseguido acabar con la vida de muchos centauros, poderosas criaturas, al instante), cogió una entre sus manos, pero se le resbaló de los dedos y lo hirió en el pie. El buen centauro, sin remedio, murió, y Heracles, muy apenado por la accidental muerte de su amigo, le dio sepultura y continuó su camino hasta Erimanto.

Una vez en su destino, Heracles no tardó en localizar la guarida del temible jabalí, que habitaba en la colina y aterrorizaba a los habitantes de la zona con su gran tamaño y su costumbre de devorar a los hombres, niños y mujeres que encontraba en su camino. Heracles decidió gritar con todas sus fuerzas para hacerlo salir de su escondite, y empleó lo aprendido en su trabajo anterior. Así persiguió al animal a través de montes, valles, ríos y montañas, hasta que el invierno hizo su aparición y, en una cima nevada, el gran jabalí desfalleció de cansancio. Heracles consiguió atraparlo aprovechando este momento de debilidad del animal y lo llevó sobre sus hombros de vuelta al reino de Euristeo. Una vez más el rey había pedido a Heracles entregarle su presa sin ningún daño, pero cuando el joven apareció ante las puertas del palacio con tremenda presa, volvió a entrar en pánico y se escondió de nuevo en la tinaja. No obstante, reconoció que Heracles había conseguido completar la tarea y decidió encomendarle una nueva misión, esta vez mucho más complicada, para la que Heracles necesitaría de toda su fuerza, valor e inteligencia para enfrentarse a ella.

5. LIMPIAR LOS ESTABLOS DE AUGÍAS EN UN SOLO DÍA

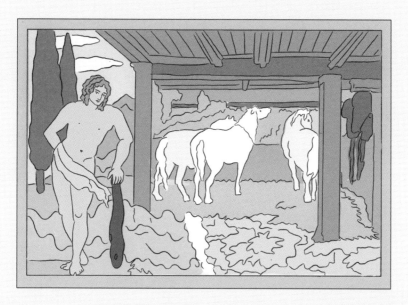

Euristeo esta vez le encargó a Heracles una tarea que él consideró del todo imposible: limpiar los establos de Augías, que no se
habían adecentado en años, en un solo día. Augías era rey de
Élide e hijo del dios del Sol Helios, de quien recibió un numero-
so ganado que nunca enfermaba. El objetivo del malvado Euristeo en esta ocasión era humillar a Heracles que, aunque había
salido victorioso ante temibles monstruos, no tendría tiempo de
limpiar los establos. Al encontrarse frente a Augías, este muy
impresionado por la tarea encomendada al héroe y seguro de
que no podría completarla, le ofreció una parte de su ganado si
tenía éxito. Heracles consiguió desviar el cauce de los ríos Alfeo
y Peneo, abrió un gran hueco en los muros de los establos e hizo
que la corriente se llevara toda la suciedad. Augías, perplejo e
indignado, se negó a cumplir con su promesa, esgrimiendo que
no había sido Heracles, sino los ríos quienes habían completado
la misión y expulsó al héroe de sus tierras.

6. MATAR A LOS PÁJAROS DE ESTÍNFALO

Heracles comenzó su quinto trabajo bastante indignado, porque no solo Augías no había cumplido su promesa, sino que además Euristeo no dio por válido el trabajo al haber podido recibir una recompensa por parte de Augías. Aun así, el héroe se dispuso a completar su nueva misión: matar a los pájaros de Estínfalo. Estas prodigiosas aves tenían picos y garras de bronce y, además, eran carnívoras y muy agresivas, se contaban por miles y causaban terror. Heracles se percató de que ni sus flechas ni su gran fuerza serían suficientes para acabar con ellas debido a su gran número. Por suerte, Atenea, quien llevaba tiempo observando al héroe, decidió ayudarlo en esta ocasión: le proporcionó un cascabel bronceado que espantaría a las aves. Heracles, aunque había matado algunas con sus flechas, consiguió que las demás huyeran a lejanas tierras gracias al cascabel. Al volver a Micenas, Heracles encontró de nuevo a Euristeo en su tinaja, porque había visto algunos de los pájaros sobre su palacio.

7. CAPTURAR AL TORO
DE CRETA

Heracles volvió a hacer sonar el cascabel para disipar a los pájaros que Euristeo había visto y esperó instrucciones para realizar su séptimo trabajo.

—En esta ocasión — dijo Euristeo—, deberás domar al toro de Creta.

Heracles asintió y se encaminó a cumplir su misión. El toro de Creta era un animal de gigantescas dimensiones que tenía aterrorizada a la isla, pues no se trataba de un toro cualquiera. Hacía años, cuando el rey Asterión murió, surgió una disputa entre sus tres hijos sobre el derecho al trono. De entre los tres fue Minos el que se impuso. Minos quiso demostrar a sus hermanos que era el elegido por los dioses para gobernar. Para ello, pidió a Poseidón una señal:

—¡Oh, gran Poseidón, si soy tu favorito sobre el trono, haz que un toro blanco emerja de las aguas del mar! —exclamó Minos frente a la costa en presencia de sus hermanos para demostrar su poder.

Poseidón decidió acceder a la petición de Minos, pero con la condición de que el bello toro fuera sacrificado en su honor.

Cuando sus hermanos vieron al animal surgir de las aguas, realmente no les quedó ninguna duda respecto al derecho al trono de Minos y accedieron a que él ostentara el poder. Sin embargo, Minos, que estaba completamente fascinado con la belleza y la bravura del toro, cometió el error de no cumplir con su palabra, se quedó al animal, no lo sacrificó y presumía de él ante sus visitas, como si de un trofeo se tratara. Poseidón, atónito por la conducta soberbia e irrespetuosa del rey, decidió castigarlo de la más terrible de las maneras: provocó en su mujer, la reina Parsífae, un ardiente deseo y amor hacia el blanco toro. De la unión entre el toro y Parsífae nació una criatura híbrida mitad hombre, mitad toro: el Minotauro. Aunque más adelante veremos que fue el héroe Teseo con la ayuda de Ariadna quien consiguió derrotar al Minotauro, ahora nos ocupa el toro de Creta, que en el momento en el que Hércules llegó a la isla se encontraba —también por castigo de Poseidón— totalmente fuera de control. Así, aterrorizaba a la población, atacaba a pastores y rebaños y con su fuerza descomunal podía suponer un desafío incluso para el mismísimo Heracles. El héroe pidió permiso al rey Minos para capturar al animal, y este, que estaba aterrado y harto de la conducta errática y violenta del toro, no dudó en aceptar. Heracles persiguió al animal, y con sus propias manos logró someterlo y conducirlo hasta el reino de Euristeo, quien maravillado por la belleza de la criatura quiso sacrificarlo a su diosa preferida, Hera. No obstante, la diosa rechazó el sacrificio, pues la bravura del toro no era de su agrado. Euristeo, sin saber qué hacer con la criatura, decidió dejarlo libre. El toro de Creta cruzó diversas tierras, causó estragos y terror por todos los lugares en los que hizo aparición. Solo Teseo, cuando el toro se encontraba ya cerca de Atenas tras cruzar el istmo de Corintio, consiguió darle muerte tiempo después, en la llanura de Maratón.

En cualquier caso, Heracles había conseguido completar, una vez más, su ardua tarea y los dioses cada vez estaban más admirados por sus extraordinarias capacidades.

8. ROBAR LAS YEGUAS
DE DIÓMEDES

En octavo lugar, Euristeo decidió mandar a su primo a robar las yeguas de Diomedes, en Tracia. Como solía ocurrir con todas las criaturas a las que Heracles debía enfrentarse, no eran yeguas corrientes, sino que se trataba de cuatro yeguas monstruosas. Su dueño, Diomedes, era uno de los reyes más terribles y sanguinarios, hijo del dios Ares, y alimentaba con la carne de sus huéspedes a las yeguas. Euristeo permitió esta vez a su primo llevar compañeros. Heracles fue, junto con sus hombres, recibido con todos los honores en el palacio de Diomedes. Pero al llegar la noche, Heracles les advirtió a sus camaradas que no se durmieran. Sospechaba que Diomenes quería asesinarlos para servirlos como alimento a las yeguas. De madrugada, se dirigieron al establo y con sigilo se dispusieron a robar las yeguas. Sin embargo, Diomedes los sorprendió y Heracles tuvo que luchar cuerpo a cuerpo con él, por supuesto, resultando vencedor. Heracles arrojó a Diomedes a las yeguas, que tras devorar el cadáver se volvieron mansas y dejaron que las llevaran a Micenas.

9. ROBAR EL CINTURÓN
DE HIPÓLITA

Euristeo decidió que en esta ocasión Heracles debería enfrentarse a un reto bien diferente a los demás. Admete, la hija de Euristeo, le había expresado a su padre el deseo de poseer el cinturón de la reina de las amazonas, un fiero pueblo de guerreras, exclusivamente formado por mujeres que eran expertas domadoras de caballos y diestras también en el arte de la lucha. Su reina, Hipólita, poseía un valioso cinturón de oro, regalo del dios de la guerra, Ares. En esta ocasión Euristeo también permitió a Heracles ir acompañado por valientes guerreros. Al cruzar el mar para encontrar a las amazonas, Heracles estaba preocupado, pues estas eran famosas por ser bravas guerreras y seguramente su encuentro sería violento. ¡Nada más lejos de la realidad! Al llegar a sus costas, las amazonas estaban esperando a Heracles y deseando recibirlo. Habían escuchado sus grandes hazañas y, como grandes guerreras que eran, respetaban la fuerza y la valentía del héroe y estaban deseosas de escuchar sus aventuras. Ante tal cálido recibimiento, Heracles decidió ser honesto con Hipólita.

—Reina Hipólita, el verdadero propósito de mi viaje es completar uno de los trabajos que mi primo el rey Euristeo me ha encomendado —anunció el héroe—. El rey ha considerado oportuno que lleve a su hija, la princesa Admete, vuestro cinturón. Prefiero optar por la sinceridad y revelarte mis verdaderas intenciones que traicionar la confianza de tan valientes y fuertes mujeres.

Hipólita, impresionada por la franqueza del héroe, no dudó en quitarse su preciado cinturón y entregárselo para que así Heracles pudiera completar su novena tarea. Sin ninguna condición.

La diosa Hera —que seguía muy de cerca los pasos del héroe— no pudo creer lo que veían sus ojos y se negó a que Heracles completara el trabajo de manera tan sencilla. Camuflándose entre las amazonas y los guerreros de Heracles, hizo correr la voz de que el verdadero propósito del héroe era… ¡secuestrar a la reina Hipólita! En ese momento, reinó el caos. Las amazonas se sentían completamente traicionadas atacaron y los hombres, pensando que todo había sido una estratagema para pillarles por sorpresa, respondieron al ataque de las amazonas. Heracles, sintiéndose confundido, buscó a la reina para enfrentarse a ella. Aunque Hipólita era uno de los más hábiles contrincantes a los que se había enfrentado nuestro héroe, el bravo guerrero terminó por darle muerte, cogió el cinturón dorado y convocó a sus hombres para huir rápidamente a los barcos. Una vez terminada la batalla, Heracles no dejaba de dar vueltas a lo sucedido. ¿Podía la diosa Hera haber sido la causante de tal confusión? Hipólita parecía sincera cuando le ofreció el cinturón…, no obstante, ya era demasiado tarde para la reina de las amazonas, y Heracles se dirigía con vientos favorables de nuevo hacia Micenas con una misión más completada.

10. ROBAR EL GANADO
DE GERIÓN

Tras ver a su hija ataviada y satisfecha con el cinturón de las amazonas, Euristeo decidió pedirle a Heracles algo para él que realmente envidiaba y deseaba tener: el ganado de Gerión. Gerión era un colosal gigante que poseía el ganado más sano y bello de Grecia. Euristeo le impuso una doble condición a Heracles: no debía comprar ni pedir a Gerión el ganado, sino robárselo. Heracles emprendió entonces un largo viaje hasta Eritia, al extremo del mundo conocido. Hacía tanto calor que el héroe comenzó a lanzar flechas al dios del Sol, Helios, tratando de llamar su atención para que no brillara con tanta fuerza. Helios pidió a Heracles que dejara de molestarlo, y a cambio de ello le dio la copa que usaba para cruzar el cielo cada día del este al oeste. Con esta copa Heracles alcanzó en poco tiempo la tierra donde habitaba Gerión y quedó muy agradecido al dios solar. Al tiempo que Heracles alcanzó dichas tierras, un temible adversario salió rápidamente a su encuentro: se trataba del perro de dos cabezas Ortro, hijo de los titanes Tifón y Equidna.

Este perro era el responsable, junto con su dueño, el pastor Euritión, de custodiar el preciado ganado de Gerión. Ambos fueron derrotados sin ninguna dificultad por Heracles. El héroe, de manera apresurada, comenzó a subir los bueyes a la copa de Helios. Solo quedaban unos pocos y Heracles ya se sentía casi aliviado cuando sucedió lo peor que podía pasar. El gigante Gerión apareció entre las montañas y, enfurecido, increpó a Heracles por estar arrebatándole su ganado. El gigante se disponía a aplastar al héroe, pero el héroe, con su legendaria puntería y sabiendo que tan solo contaba con una oportunidad, disparó una de sus flechas envenenadas al corazón del monstruo. Por supuesto, acertó y acabó con su vida. Heracles, aliviado, se dispuso a terminar de introducir todas las cabezas de ganado en la copa cuando… un momento… ¡Más de la mitad del ganado había desaparecido durante el combate con Gerión! El responsable había sido Caco,* un ladrón famoso en toda Grecia, quien, con sigilo mientras Heracles se enfrentaba al gigante, había escondido las reses en una cueva. Heracles no tardó en resolver este nuevo inconveniente, con su fino oído encontró la cueva donde se encontraban los animales guiado por los mugidos que estos emitían. Recuperó todo el ganado, lo subió a la copa y volvió a Micenas. Estaba resultando ser uno de los trabajos más complicados. Y esto no fue todo.

Hera, iracunda, mandó miles de tábanos para que alborotaran al ganado y se dispersara antes de llegar a Micenas. Heracles tardó un tiempo en reunir de nuevo a las reses, pero consiguió, por fin, entregárselas a Euristeo.

* El encuentro con Caco forma parte de la mitología romana.

II. ROBAR LAS MANZANAS DEL JARDÍN DE LAS HESPÉRIDES

Puede parecer que esta era una tarea mucho más sencilla que las anteriores, pues tan solo se trataba de robar unas manzanas. No obstante, no fue tan sencillo. En primer lugar, Heracles no conocía dónde se encontraba el famoso jardín de las Hespérides. Las ninfas le indicaron que buscara al dios marino Nereo, maestro de la metamorfosis. Nereo, tras intentar escabullirse del héroe convirtiéndose primero en un toro, después en una serpiente y por último en agua y fuego (Heracles consiguió retenerlo en este último estado prendiendo fuego a una rama), terminó por confesar el paradero del famoso jardín.

La historia del jardín de las Hespérides es antigua. Tres fueron las manzanas doradas que Hera y Zeus recibieron como regalo de bodas de parte de su madre Gea. Hera quedó tan encantada con el regalo que mandó plantar un maravilloso jardín en la lejana tierra de Hiperbórea, un mágico lugar donde siempre era de día y brillaba el sol. El jardín estaba custodiado por Ladón, un dragón de cien cabezas, y las Hespérides, tres ninfas de gran inteligencia y belleza.

Conocedor ya de la ubicación del peculiar jardín de las Hespérides, Heracles se encaminó hacia él, pero encontró en su camino al titán Prometeo, que desde que entregó el fuego a los hombres seguía encadenado a una roca y condenado por Zeus a ser picado en el hígado por un águila durante el día, y regenerarlo por la noche, en un círculo continuo de terrible sufrimiento. Heracles, horrorizado y conmovido por la situación del titán, decidió ayudarlo y disparó una de sus flechas al águila, consiguiendo así darle muerte y liberando a Prometeo de su eterno castigo. El titán estaba tan agradecido al héroe que decidió

ayudarlo en su tarea, advirtiéndole que solo había un ser en toda la tierra capaz de entrar y salir del jardín de las Hespérides sin sufrir consecuencias: Atlas, el padre de estas, que al igual que Prometeo vivía bajo el castigo de Zeus. El titán se encontraba condenado a sostener la bóveda celeste por toda la eternidad, por haberse aliado con los titanes en la guerra del inicio de los tiempos, la Titanomaquia. Hércules, muy agradecido a Prometeo, se dirigió entonces a la búsqueda del gran Atlas. A su encuentro con el titán, este se encontraba totalmente exhausto por el peso de sostener el firmamento durante tantos años, por lo que no dudó en aceptar cualquier oferta que le permitiera dar descanso a su cuerpo.

—Si aceptas ir al jardín de las Hespérides y consigues tres de sus doradas manzanas, yo sostendré la bóveda celeste el tiempo que tú tardes y así podrás descansar de tu tarea —proclamó Heracles.

—¡Por supuesto que podré ayudarte! —exclamó Atlas aliviado—. No obstante…, solo te pido como condición que des

muerte al dragón Ladón de cien cabezas, para que yo pueda entrar sin peligro en el jardín de mis hijas.

Nuestro héroe por supuesto accedió a la petición y mató al dragón con un certero tiro de una de sus envenenadas flechas, que le atravesó el corazón.

Heracles y Atlas entonces intercambiaron posiciones: el héroe situó sobre sus hombros la bóveda celeste, siendo él el único mortal con la suficiente fuerza como para conseguir esta proeza, y Atlas se encaminó al jardín de las Hespérides, y en poco tiempo regresó con las manzanas sin ninguna dificultad. No obstante, al llegar al encuentro del héroe, el titán, que en ningún caso quería volver a cargar el pesado cielo en sus hombros, intentó convencer a Heracles para ser él quien terminase su tarea:

—¿Qué te parece, joven y fuerte amigo, si en esta ocasión soy yo el que culmina tu tarea y llevo las manzanas a Euristeo? Así podré descansar un poco más y no me importa hacerte ese favor, ya que veo que con tu gran fuerza no te supone problema sostener el cielo un rato más.

Heracles, que era muy inteligente, percibió las verdaderas intenciones del titán, que estaba tratando de zafarse de su castigo divino.

—De acuerdo Atlas —dijo el héroe—. No obstante, te agradecería que sostuvieras tan solo un momento el cielo, para que yo pueda acomodarme, ya que creo que no estoy en la mejor posición.

Atlas accedió aliviado, pero en el momento en el que volvió a tener el cielo sobre sus hombros, Heracles cogió las manzanas y huyó a toda velocidad, dejando al titán tal como lo encontró en un principio y con su objetivo conseguido: tener en su poder las manzanas. A su regreso a Micenas, Euristeo se sorprendió una vez más con el buen resultado de su primo y decidió consagrar las manzanas a Hera, pues, a fin de cuentas, le pertenecían. Hera devolvió las manzanas al jardín y comenzó a sentir admiración por Heracles, un sentimiento nuevo para ella hacia aquel al que siempre había detestado.

12 . CAPTURAR A CERBERO
Y SACARLO DEL INFRAMUNDO

Para conseguir completar el último de sus trabajos, Heracles debía conseguir sacar del inframundo al can Cerbero, el temible perro de tres cabezas que guardaba las puertas del Hades, responsable de impedir que los muertos salieran y los vivos accediesen a él. Para ello, pidió ayuda a los dioses y Hermes persuadió al barquero Caronte para que condujera al héroe hasta las puertas del inframundo. En su viaje junto a Caronte, encontró a la sombra del héroe Meleagro, que le pidió que cuidara de su hermana Deyanira. También halló al héroe Teseo y persuadió a Perséfone para liberarlo. Una vez que Heracles se encontró con Hades, rey del inframundo, le pidió permiso para llevarse a Cerbero, y el dios se lo concedió con la condición de que el perro no fuera sometido con armas y no sufriera daño alguno. En mi versión favorita del mito, Heracles trató con tanto cariño a Cerbero que este se dejó poner el collar y le permitió llevarlo hasta Euristeo para así completar, al fin, sus trabajos, sin necesidad de someterlo ni enfrentarse al can.

HERACLES DESPUÉS DE COMPLETAR SUS TRABAJOS Y LA MUERTE DEL HÉROE

Heracles completó tras largos años sus trabajos y, por fin libre, se encaminó a vivir otras aventuras. Mató al sanguinario gigante Cicno, participó en la expedición de los argonautas —que conoceremos más adelante—, derrotó a los bébrices, otorgando el gobierno de su país a Lico de Misia, fundó la ciudad de Tarento en Italia y mató al hijo del rey Midas, Litierses.

Al cabo de los años, Heracles se enamoró de Íole, hija del rey Éurito de Ecalia. En un primer momento este se opuso al enlace, conocedor del terrible pasado del héroe, quien había matado a su familia. Tiempo más tarde, el monarca organizó un concurso de tiro con arco para otorgar la mano de su hija al ganador, y Heracles se presentó, confiado en sus habilidades como arquero. Heracles iba ganando la competición, pero a la mitad el rey, al darse cuenta de que tendría que dar la mano de su hija al héroe, decidió suspenderla. El hijo del rey, Ífito, estaba de parte de Heracles e intentó hacer entrar en razón a su padre sin éxito. Heracles y Éurito desde ese momento se volvieron enemigos. Ífito convenció a Heracles para ayudarlo a buscar las yeguas que le habían robado a Éurito y así ganarse el favor del rey. Ninguno consiguió encontrarlas y Heracles regresó a su casa sin novia y sin yeguas. Poco después, Heracles adquirió unas yeguas sin sospechar que se trataba de las robadas al rey. Ífito, al percatarse, se enfrentó a Heracles e intentó convencerlo de devolverlas, pero el héroe se negó y, en uno de sus famosos arranques de ira, mató a Ífito. Muy avergonzado, volvió al oráculo de Delfos para que le impusieran otra penitencia. El oráculo le comunicó que debía ser esclavo de la reina Ónfale de Lidia durante tres años.

Durante esos años, la reina le obligó a llevar ropas de mujer mientras ella ese vestía con la piel del león de Nemea. Tras ese tiempo, el héroe y la reina decidieron casarse. Fue una relación bastante inusual en sus comienzos, pero juntos tuvieron un hijo. No obstante, en uno de sus viajes, Heracles se volvió a enamorar de otra mujer y la tomó como esposa. Se trataba de la princesa Deyanira, y para conquistarla, tuvo que enfrentarse al dios río Aqueloo, que poseía la capacidad de la metamorfosis. Aqueloo primero se convirtió en una serpiente y después en un toro, forma en la que Heracles consiguió derrotarlo. El héroe entregó uno de los cuernos de la bestia a las náyades, y este fue el origen de la cornucopia, el cuerno de la abundancia. Después de celebrar sus nupcias, la pareja partió a visitar al hermano de la princesa, Meleagro. En la larga travesía, necesitaban atravesar el río Eveno. El centauro Neso se ofreció a ayudarlos, llevando a Deyanira a sus lomos para cruzarlo. Heracles y Deyanira aceptaron; sin embargo, la verdadera intención de Neso era raptar a la princesa para poder violarla. Tras cruzar el río con la princesa a sus lomos, galopando a gran velocidad, Heracles le disparó una de sus flechas venenosas para acabar con su vida. Con su último aliento, Neso le susurró a Deyanira:

—Toma unas gotas de mi sangre y presérvalas por si un día Heracles deja de quererte. La sangre de centauro es una potente pócima de amor.

Deyanira, muy impresionada, guardó la sangre del centauro. Años más tarde, harta de su marido, que tenía otra mujer (Ónfale) y múltiples amantes, recordó las palabras del centauro Neso. Así, intentó recuperar el amor y la atención de su marido, haciendo que se tomara la pócima, pero el centauro la había engañado, pues su sangre era venenosa al haber estado en contacto con el veneno de la hidra. Así fue como Heracles halló la muerte, accidentalmente a manos de su tercera esposa.

Zeus lo convirtió en un dios gracias a sus grandes hazañas y lo recibieron en el Olimpo con honores. Incluso Hera lo aceptó como hijo suyo. Heracles, ya en su forma divina, tomó como esposa a la bella Hebe. Desde entonces fue el encargado de guardar las puertas del Olimpo y es recordado por sus grandes proezas hasta nuestros días.

Teseo se enfrenta al Minotauro en el laberinto
con la ayuda de Ariadna.

TESEO

Teseo no solo es uno de los nombres más conocidos de la mitología griega, sino que además fue un legendario rey de Atenas y el más importante entre los héroes atenienses. Tanto Apolodoro como Plutarco nos ofrecen una detallada historia de su vida. Pero sin duda el episodio por el que es más recordado es el sucedido en la isla de Creta, cuando el valiente Teseo se enfrentó al temible monstruo Minotauro, una criatura híbrida, mitad toro, mitad hombre, hijo del toro de Creta —que hemos podido conocer en los doce trabajos de Heracles— y la reina Parsífae, quien presa de una locura infundida por Poseidón se enamoró del toro y concibió a esta criatura.

Teseo era hijo de Etra y Egeo, aunque también podría ser hijo de Poseidón. La historia de Teseo comienza así:

Egeo, que no había conseguido tener hijos, decidió consultar al oráculo de Delfos, pero este no le dio una respuesta clara. Sin haber entendido qué quiso decirle el oráculo convino regresar a su hogar. Sin embargo, su compañero y rey de Trecén, Piteo, sí había entendido la profecía. El oráculo había querido decir a Egeo que la primera mujer con la que se acostara tendría a su heredero. Por ese motivo, Piteo lo emborrachó y lo animó a acostarse con su hija Etra, para que su nieto pudiera ser rey de Atenas. Esa misma noche, el dios Poseidón ya había yacido con Etra. En efecto, la princesa se quedó embarazada, por lo que Teseo tendrá en realidad dos padres según la leyenda: Poseidón y Egeo. Por miedo a que sus sobrinos le arrebataran el trono a su hijo, Egeo decidió que tanto su madre como Teseo vivieran lejos de Atenas. Teseo por tanto se crio con su madre y su abuelo en Trecén sin conocer su verdadero origen hasta que alcanzó la juventud. Cuando Teseo tomó conciencia de su linaje quiso reclamar el trono y se encaminó a Atenas, realizando en el camino varias proezas para demostrar su fuerza e inteligencia, tratando de emular al gran Heracles.

Entre otras muchas aventuras donde Teseo demostró su valor de camino a Atenas destacan la del gigante Perifetes, del que obtuvo su maza de bronce. También se enfrentó al gigante Sinis y a Esciro, un cruel rey que lanzaba a los viajeros al mar de una patada. Por último, cabe destacar su enfrentamiento con el gigante Procrustes. Este ofrecía alojamiento a viajeros, pero tenía la extraña y terrible manía de «encajar» perfectamente a sus huéspedes en la cama: a los altos les cortaba las piernas la medida necesaria para que entraran en ella y a los bajos les estiraba las extremidades hasta que también encajaban a la perfección. Teseo, al conocer el terrible comportamiento del gigante, se enfrentó a él y acabó con su vida.

Por fin, Teseo llegó a Atenas, donde se encontró algo que no esperaba. Su padre había tomado por esposa a Medea —que había sido mujer del héroe Jasón— y había tenido un hijo con ella, Medo. Teseo decidió presentarse ante su padre sin revelar su identidad, para conocerlo y poder ganarse su favor. Medea era una gran hechicera y ya conocía la identidad y las intenciones del joven Teseo, por lo que quiso tenderle una trampa para no hacer peligrar el derecho al trono de su hijo Medo. Así, convenció al rey para que enviase al joven recién llegado a luchar contra el toro de Creta, que desde que Heracles se enfrentó a él se encontraba causando grandes estragos y caos por todo el Hélade. Teseo, por supuesto, salió victorioso y volvió al palacio para celebrarlo. En el banquete, Medea trató de envenenarlo con la ayuda del rey, al que le hizo creer que el joven sin identidad era en realidad un traidor. Sin embargo, Teseo desenvainó su arma para cortar la carne y Egeo reconoció la espada al instante; se dio cuenta de que el joven valiente no se trataba de un traidor, sino de su hijo Teseo. Ante esto, por fin Teseo fue reconocido como heredero y Medea y su hijo fueron expulsados de la ciudad. El joven héroe se enfrentó a sus primos para consolidar su autoridad, convirtiéndose indiscutiblemente en el heredero del trono de Atenas.

El minotauro

Sin duda, la historia por la que Teseo ha sido recordado hasta nuestros días es la de su enfrentamiento con el Minotauro de Creta.

Una vez establecido en Atenas, Teseo se encontró con una inesperada circunstancia: como tributo a Minos de Creta, Atenas debía enviar catorce jóvenes —siete mujeres y siete hombres—, bajo las velas siempre negras de las naves, para ser devorados por el Minotauro. Esta tradición se había instaurado entre las dos ciudades por una antigua disputa política y militar. Teseo pidió a su padre ser parte del tributo para así poder enfrentarse al Minotauro y acabar con la terrible tradición. Egeo aceptó que su hijo partiera hacia su complicada misión con una condición.

—Hijo mío —le suplicó Egeo—, no olvides cambiar las velas negras de la nave por unas blancas a tu regreso. Así sabré que has conseguido tu objetivo con éxito y que sigues vivo.

Teseo le prometió a su padre hacerlo así y partió rumbo a Creta.

Una vez en el reino del rey Minos, deseó enfrentarse al Minotauro, pero tenía serias dudas de cómo hacerlo, ya que el terrible monstruo se encontraba encerrado en las profundidades de un laberinto diseñado por Dédalo, el mejor entre los arquitectos, y del que era imposible escapar con vida. Por suerte para Teseo la princesa Ariadna cayó locamente enamorada de él en cuanto lo vio y decidió ayudar al joven héroe. Ariadna le dio a Teseo un ovillo de lana y le sugirió atar uno de los extremos a las puertas del laberinto e irlo desenrollando a lo largo de él. De esa forma, una vez se enfrentara al Minotauro podría seguir el hilo y encontrar la salida. Teseo así lo hizo y consiguió encontrar al monstruo, enfrentarse a él, darle muerte con su espada y seguir el hilo para desandar el camino y salir del laberinto. Entonces, triunfante, decidió partir de vuelta a Atenas, junto con sus hombres y la joven y enamorada Ariadna.

En su camino de vuelta a casa, Teseo convino detener su navío en la isla de Naxos, donde abandonó a Ariadna. Ante este hecho tan polémico —a fin de cuentas, sin la ayuda de la princesa no podría haber acabado con el famoso Minotauro— existen dos teorías:

La primera teoría es que Teseo abandonó a Ariadna porque le dio la gana, no la quería y se había aprovechado de ella.

La segunda es que los dioses obligaron a Teseo a hacerlo, pues el dios Dioniso decidió que Ariadna debía ser su mujer.

En cualquiera de los casos, una vez abandonada en Naxos, Ariadna se convirtió en la esposa del dios del vino, con quien tuvo cuatro hijos.

Teseo prosiguió con su viaje a Atenas, pero olvidó un detalle muy importante: no cambió las velas negras por blancas, por lo que cuando el rey Egeo divisó el navío de su hijo creyó que este no había conseguido su propósito y había fallecido. Devastado, decidió tirarse al mar, que desde ese día lleva su nombre: el mar Egeo. Una vez llegó a Atenas, aunque apenado por la trágica muerte de su padre, Teseo se convirtió en rey y tomó por esposa a la hermana de Ariadna, Fedra. Tras estos sucesos, Teseo vivió otras muchas aventuras. Participó en la expedición encabezada por Heracles para robar el cinturón de Hipólita. Tuvo

un *affaire* con una de las amazonas, con la que tuvo un hijo, Hipólito (según algunos, con la propia reina Hipólita). Hipólito se convirtió en un gran cazador y admirador de la diosa Artemisa, sin embargo, no sentía tanta devoción por la diosa Afrodita, a la que consideraba superficial y promiscua. Afrodita, ofendida, decidió castigar a Hipólito haciendo que Fedra, su madrastra, se enamorara de él. La mujer se ofreció al joven, completamente obsesionada con él, e Hipólito la rechazó, escandalizado y ofendido. Fedra se sintió despechada, y desesperada lo negó todo e incluso llegó a asegurar que Hipólito había intentado violarla, finalmente se suicidó avergonzada. Teseo no podía creer lo que acababa de suceder, y confió en la versión de Fedra culpando a su hijo. Pidió ayuda al dios Poseidón para vengarse y este hizo surgir un toro del agua, que acabó con la vida de Hipólito.

Teseo aún tenía que conocer a una de las personas que más influenciarían su destino: Pirítoo, el rey de los lapitas. Pirítoo había oído hablar de las grandes hazañas de Teseo y deseaba conocerlo, pero también decidió ponerlo a prueba. Para ello robó el ganado de Teseo y esperó a ver la reacción del rey. Teseo acudió rápidamente, enfadado, a recuperar su ganado, dispuesto a enfrentarse al ladrón. Sin embargo, surgió entre ellos la amistad y se volvieron compañeros inseparables. Participaron ambos en la expedición de Jasón del vellocino de oro —que conoceremos en las siguientes páginas— y lucharon con los lapitas contra los centauros, que habían bebido mucho vino en la boda de Pirítoo, tanto que intentaron secuestrar a la novia. Los hombres se enfrentaron a ellos, dando lugar a la Centauromaquia, representada en las metopas del Partenón. Pero entre todas estas aventuras la que destaca, sin lugar a duda, es la bajada al inframundo de Teseo y Pirítoo.

Ambos decidieron que era una maravillosa idea que cada uno de ellos se casara con una hija de Zeus. Para Teseo eligieron a Helena —quien aún era una niña pequeña y a la que raptaron sin que les supusiera mucho esfuerzo— y para Pirítoo convinieron raptar a Perséfone, la esposa del dios del inframundo, Hades. Evidentemente esto no era buena idea. Al llegar al inframundo, Hades, conocedor de las intenciones de los reyes, los engañó. Les ofreció un gran festín y los invitó a sentarse a la mesa y compartir tan ricos manjares. Teseo y Pirítoo, muy ufanos, se dispusieron a disfrutar de la comida y del vino, orgullosos y confiados del gran recibimiento que el dios de los muertos les había ofrecido —y por supuesto sin sospechar que el dios pudiera tener algún tipo de intención oculta—. Cuando quisieron levantarse de la silla ya satisfechos, se dieron cuenta de que era imposible, Hades los había pegado al asiento y condenado a permanecer en el inframundo.

Tan solo cuando Heracles bajó al inframundo para completar su duodécimo y último trabajo los reyes tuvieron alguna posibilidad de escapar. Mientras que Heracles consiguió «despegar» de la silla a Teseo —aunque parte de sus muslos se quedaron en el asiento—, fue imposible liberar a Pirítoo, que permaneció en el inframundo condenado (y sentado).

Durante la estancia en el inframundo de Teseo, Cástor y Pólux (hermanos de Helena) consiguieron rescatarla y convirtieron a Etra —como hemos visto, la madre de Teseo— en su esclava. Los dioscuros (nombre por el que se conoce a Cástor y a Pólux) pusieron en el trono a Menesteo, por lo que Teseo, a su vuelta del Hades, decidió asentarse en Esciro. Por desgracia para el héroe, el rey de Esciro, Licomedes, temeroso de la fama y el poder de Teseo, lo empujó por un precipicio. Así encontró la muerte uno de los más grandes héroes de la Antigüedad.

Jasón y los argonautas son recibidos por Fineo,
al que las arpías impedían que se alimentaru.

JASÓN

J asón era hijo de Esón, quien, por ser a su vez descendiente de Creteo, debía haber sido rey de Yolco, pero su hermano, Pelias, le había usurpado el trono. Esón temía por la vida de su hijo recién nacido —Jasón—, y por ese motivo se lo entregó al sabio centauro Quirón, para que lo cuidara e instruyera en secreto. Esón le dijo a su hermano que su pequeño hijo había muerto para así protegerlo y ocultarlo. Pelias, siempre temeroso de perder el trono de Yolco, decidió consultar al oráculo, que le advirtió que su trono peligraría por culpa de un hombre que calzaría una sola sandalia. Pelias no supo muy bien a qué se refería la pitia, pero regresó de vuelta a su palacio con ese mensaje y nunca lo olvidó.

Cuando Jasón se convirtió en un valiente, fuerte e inteligente joven, se propuso recuperar el trono de Yolco, que le pertenecía por derecho. Se dirigió entonces al encuentro de su tío. En el camino, al ir a cruzar un río, se topó con una anciana que, como él, quería atravesarlo, pero a la que debido a su avanzada edad le resultaba imposible. Jasón, demostró tener buen corazón, se apiadó de ella y, cargándola a sus espaldas, la ayudó a cruzar el río. Una vez en la orilla, la anciana se descubrió y le reveló ser la diosa Hera, quien se había disfrazado para probar al joven. Complacida, la diosa convirtió a Jasón en su protegido. Sin embargo, al cruzar el río Jasón había perdido una sandalia. Por supuesto, al llegar a Yolco y presentarse ante su tío así, Pelias, impactado, recordó la profecía. Por este motivo el rey envió al jovenzuelo a una aventura casi imposible: partir en la búsqueda del vellocino de oro, una legendaria piel de carnero dorado que había sido colgada de un roble consagrado a Ares, en la lejana tierra de Cólquida, por Frixo, hijo de Atamante y Néfele. Esta piel, además, se hallaba protegida por el dragón de la Cólquida, por lo que se trataba de una tarea casi imposible con la que Pelias pretendía que Jasón fracasara y, con suerte, muriera en el intento, ya que sabía que debería enfrentarse a grandes peligros por el camino.

Jasón comenzó a preparar su gran viaje. Gracias al consejo de la diosa Atenea, construyó un gran barco que los condujese a su destino. El navío se llamaría Argo y, por tanto, los hombres que acompañaron a Jasón en el viaje —más valientes de todo el Hélade— recibirían el nombre de argonautas. En su viaje de ida a la Cólquida, Jasón y los argonautas se enfrentaron a varios desafíos. Primero se encontraron con las mujeres de Lemnos, habitantes de la isla homónima. Las mujeres de Lemnos habían sido malditas por Afrodita por no rendirle culto adecuadamente; la diosa provocó que olieran tan mal que sus maridos las repudiaron y acabaron solas viviendo en la isla. Durante su estancia en estas tierras, Hipsípila, la reina de Lemnos, y Jasón tuvieron una aventura amorosa, y los argonautas yacieron también con las mujeres de la isla. Continuaron entonces los valientes hombres su viaje hacia la Cólquida. En el camino se encontraron también con Fineo, un adivino ciego al que las arpías —pájaros monstruosos con cabeza de mujer— le impedían ingerir alimento como castigo impuesto por los dioses. Tras ayudarlo, agradecido, Fineo indicó a Jasón cómo sortear otros peligros, lo que les permitió llegar por fin a la lejana tierra de la Cólquida.

Cuando Jasón desembarcó allí, fue a anunciar al rey Eetes su presencia e intenciones de inmediato. El rey accedió a entregarle el vellocino de oro, con la condición de que primero realizara un trabajo que consideraba prácticamente imposible de completar con éxito. No obstante, la hija del rey, Medea, una poderosa hechicera y sacerdotisa de la diosa Hécate, decidió ayudar al joven Jasón, en gran medida porque le parecía muy atractivo.

La enrevesada tarea era la siguiente: Jasón debía enyugar unos bueyes de bronce —regalo de Hefesto al rey Eetes— que expulsaban fuego por la boca, arar un campo con ellos, sembrar este con dientes

Medea, sacerdotisa de Hécate e hija del rey Eetes de Yolco.

de dragón y derrotar a los soldados que de aquella tierra brotaran. Con la tarea cumplida, Jasón obtuvo el preciado vellocino, de nuevo gracias a Medea, quien durmió con sus artes mágicas al dragón protector. Jasón regresó a su patria junto con Medea y en el trayecto de vuelta se enfrentó a los monstruos Escila y Caribdis, así como con el gigante Talos y con los feacios. En Medea, la tragedia de Eurípides, se narran los acontecimientos posteriores, donde las muertes y las desgracias se suceden. Jasón encuentra la muerte al ser golpeado con una madera podrida del Argos en la cabeza por accidente.

Dos de las escenas más conocidas de la guerra de Troya. En primer plano Aquiles arrastra, victorioso, el cuerpo del príncipe troyano Héctor. De fondo puede verse la construcción del caballo de Troya, ideado por Odiseo para traspasar las murallas de la ciudad.

LA GUERRA DE TROYA

La guerra de Troya supuso uno de los conflictos armados más importantes de la mitología. Homero narra en la *Ilíada* los últimos días de la larga guerra de diez años, siendo el eje central del poema épico la cólera del héroe Aquiles. Junto con la *Ilíada*, donde conoceremos a algunos grandes héroes como Aquiles, Héctor u Odiseo (Ulises), encontramos también la *Odisea*, que narra la vuelta a Ítaca de Odiseo tras la guerra, y la *Eneida* de Virgilio, que relata la huida de Troya de Eneas y el origen legendario del pueblo romano. En esta historia además del enfrentamiento entre los hombres, podemos ver como los dioses toman partido por uno de los bandos, intervienen favoreciendo a sus héroes favoritos y perjudicando a los que no lo son. Todo comienza con el juicio de Paris.

N.º I

EL JUICIO DE PARIS

El mito de la guerra de Troya comienza con Eris, diosa de la discordia y personificación de la envidia, quien no fue invitada a las bodas de Tetis y Peleo, lo que desató su furia y dio lugar, por supuesto, al juicio de Paris, el desencadenante mitológico de la guerra de Troya.

Como ya hemos visto, a pesar de no haber recibido la invitación, Eris apareció en la ceremonia con la manzana de la discordia, con la inscripción kallisti («para la más hermosa»). Hera, Atenea y Afrodita comenzaron a disputarse la manzana y el rey de los dioses Zeus, para no tener que ser el responsable de elegir entre ellas, le encargó al príncipe troyano Paris ser el juez. Cada diosa intentó sobornarlo con diversos dones para ser elegida:

Helena de Esparta, la mujer más bella del mundo.

Hera le ofreció poder y posesiones; Atenea, sabiduría y destreza militar; y Afrodita, a la mujer más bella del mundo. Paris, eligió a Afrodita.

La mujer más bella resultó ser Helena de Esparta, mujer del rey Menelao, hermano de Agamenón. Paris secuestró a Helena, y esto supuso el desencadenante de uno los conflictos más conocidos de la mitología: la guerra de Troya.

N.° 2
EL RAPTO DE HELENA

Helena era hija de Leda y Tindáreo, hermana de Clitemnestra, Cástor y Pólux. Leda fue la mortal seducida por Zeus en forma de cisne. De hecho, según Homero, Helena era hija realmente de Zeus. Era tan bella que contaba con muchísimos pretendientes y Tindáreo tenía miedo de desatar la ira del resto de los candidatos rechazados una vez seleccionado el futuro esposo de su hija. Uno de ellos, el ingenioso Odiseo, rey de Ítaca, tomó la iniciativa y propuso que antes de que el rey hiciera su elección, todos los pretendientes debieran prometer defender y apoyar al pretendiente elegido. El afortunado resultó ser Menelao, con el que Helena contrajo matrimonio. La hermana de Helena, Clitemnestra se casó asimismo con el hermano de Menelao, Agamenón, rey de Micenas.

Paris, príncipe de Troya, en un viaje diplomático a Esparta, reino de Menelao, raptó a Helena con la ayuda de Afrodita —que le había prometido a la mujer más hermosa del mundo—. Cuando Menelao se percató de lo sucedido, recurrió al juramento de los antiguos pretendientes de Helena y provocó que todos los reyes del Hélade se asociaran contra Troya.

N.° 3
LOS PREPARATIVOS DE LA GUERRA

La mayoría de los soberanos acudieron entusiasmados al llamamiento y Agamenón se posicionó como el líder de los ejércitos. Odiseo, sin embargo, que era el más inteligente de todos, no deseaba acudir a la guerra. Su deseo era permanecer en Ítaca junto con su esposa, Penélope, y su hijo, Telémaco. Para no responder al llamamiento decidió hacerse pasar por loco; se dispuso a arar la tierra fingiendo que esa era la única de sus preocupaciones. Sin embargo, el héroe Palamedes tomó al hijo de Odiseo, Telémaco, y lo situó frente al arado. Odiseo detuvo su tarea, pues bajo ninguna circunstancia quería acabar con la vida de su amado hijo. Así quedó demostrado que el rey de Ítaca no estaba loco y tuvo que acudir a la guerra.

Calcas, un adivino de Micenas, profetizó que la inexpugnable ciudad de Troya tan solo sería derrotada si Aquiles participaba en el conflicto. Odiseo acudió a la corte del rey Licomedes de Esciro en busca de Aquiles, ya que la madre del joven, Tetis, lo había disfrazado y escondido allí para que su hijo no acudiera y muriera en la guerra. Odiseo convenció a Aquiles para participar en el conflicto. Este fue uno de los grandes héroes de la mitología griega, que se ganó ser recordado para la eternidad con sus hazañas en la guerra de Troya.

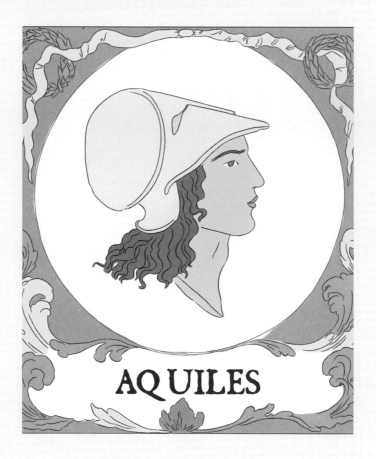

AQUILES

Aquiles era hijo de Tetis, una nereida, y Peleo, rey de los mirmidones, por lo que en ocasiones a Aquiles se lo nombra como «el pélida» y también «el de pies ligeros», por ser considerado el más rápido de los héroes. También se lo describe como muy bello, por lo que la decisión de *casting* de Brad Pitt en *Troya* me parece, a título personal, inmejorable.

LOS MIRMIDONES

Los mirmidones («gente hormiga») fueron hormigas que Éaco, rey de Egina, pidió a Zeus transformar en personas, ya que deseaba repoblar su isla, que había sido asolada por una plaga. Más tarde los mirmidones llegaron hasta Tesalia y Aquiles los dirigió, ya que eran conocidos por ser muy buenos guerreros, en la guerra de Troya.

Tetis sumerge a Aquiles en el Estigia,
agarrándolo por su talón.

EL TALÓN DE AQUILES

Temis había profetizado que el hijo de Tetis sería mucho más grande que su padre. Poseidón y Zeus, que hasta ese momento pretendían a Tetis, no querían ser sobrepasados por su hijo y decidieron casar a Tetis con un mortal: el rey Peleo, con el que tuvo a su hijo Aquiles. Tetis deseaba la inmortalidad para su hijo y decidió sumergirlo en el Estigia para tal fin. Sin embargo, olvidó meter el tobillo por el que agarraba al niño, y así, provocó que ese fuera el único punto vulnerable del niño. Por ese motivo llega hasta nuestros días el dicho del «talón de Aquiles» para señalar el punto débil de una persona.

El sabio centauro Quirón fue el responsable de cuidar de Aquiles y de Patroclo —fiel compañero del héroe— e instruirlos en el monte Pelión. Quirón predijo —según otras fuentes fue Calcas— que Aquiles debería elegir en su adultez entre una vida larga y ser olvidado o una corta y ser recordado para siempre. Aquiles encontró su destino en la guerra de Troya, cuyo relato retomaremos a continuación.

N.° 4
EL COMIENZO DE LA GUERRA

Menelao y Agamenón trataron de adoptar una solución diplomática con Troya y exigieron la devolución de Helena a su esposo, pero los troyanos se negaron. Fue en ese momento cuando definitivamente decidieron recurrir a las armas y los diferentes ejércitos del Hélade comenzaron a llegar a las costas troyanas. El primer griego que pisó las playas de Troya fue también el primero en morir. Tal como predijo el oráculo, Protesilao fue el primero en desembarcar y el príncipe troyano Héctor acabó con su vida, siendo la primera baja en combate de la guerra de Troya. La mujer de Protesilao, Laodamía, se suicidó, y el hermano menor de este, Podarces, ocupó su lugar en la guerra. En las primeras batallas los aqueos* se impusieron, pero Troya contaba con una de las más formidables murallas jamás construidas, lo que

---

* Así es como se denomina al conjunto de los griegos en la *Odisea* y la *Ilíada*.

provocó que el sitio de los aqueos a los troyanos se prolongara largos años. En estas primeras batallas, Agamenón tomó a la hija del sacerdote de Apolo, Criseida, como esclava. Su padre intentó recuperar a la joven sin éxito, lo que desató la ira del dios Apolo, que castigó a los aqueos con la enfermedad.

N.° 5
LOS HECHOS RELATADOS
EN LA *ILÍADA*

La Ilíada *de Homero narra los cincuenta y un días finales de la guerra de Troya, tras diez años de conflicto y sitio de la ciudad.*

Ante el castigo impuesto por Apolo, Agamenón, presionado por Aquiles, devolvió a Criseida, pero tomó a Briseida (que se encontraba con Aquiles) para sí, lo que suscitó la ira del héroe, que se negó a luchar para Agamenón. Además, Aquiles suplicó a los dioses que ayudaran a los troyanos y estos comenzaron a ganar posiciones con el gran héroe Héctor al mando del ejército. Patroclo, el compañero de Aquiles, tomó la armadura del héroe y se dispuso a batallar haciéndose pasar por él. En el conflicto falleció a manos de Héctor y Aquiles juró venganza. El enfrentamiento entre Aquiles y Héctor es uno de los episodios más recordados de la *Ilíada*, en el que el primero consiguió imponerse al troyano y ató su cadáver a su carro (como puedes ver en la ilustración de la página 234 en primer plano). Ante la muerte de su más querido hijo, el rey Príamo de Troya se infiltró en el campamento griego por la noche y, acompañado del dios Hermes, rogó a Aquiles que le devolviera el cadáver de su hijo para poder ofrecerle los funerales apropiados y que así el barquero Caronte le condujese en su barca a través del inframundo. Aquiles se conmovió con

las palabras del rey Príamo y aceptó entregarle el cuerpo de Héctor. También se celebraron los funerales de Patroclo y tras esto la guerra siguió su curso.

No mucho tiempo después y tras lograr importantes victorias para los aqueos, una flecha lanzada por Paris con la guía del dios Apolo alcanzó el talón de Aquiles, acabando con su vida y haciéndose cumplir la profecía: Aquiles murió joven, pero fue recordado para siempre como uno de los más grandes héroes. La armadura de Aquiles fue un valioso objeto de disputa: Áyax y Odiseo pelearon por ella, saliendo ganador el segundo. Áyax quiso vengarse, pero en un brote de locura infundido por Atenea comenzó a matar ganado tomándolo por soldados y finalmente se suicidó. Al poco tiempo también falleció Paris a manos del héroe Filoctetes.

EL CABALLO DE TROYA

La guerra parecía que se estaba prolongando hasta la eternidad, pues llevaban casi diez años de conflicto y ninguno de los dos bandos conseguía imponerse al otro. Liderados por Odiseo, los aqueos decidieron construir un caballo de grandes dimensiones. Epeo fue el encargado de su construcción y Sinón engañó a los troyanos al hacerlos pensar que era una ofrenda a los dioses. Tan solo dos troyanos no creyeron el ardid: Laocoonte y Casandra.

Laocoonte, según el relato de Virgilio, era sacerdote del dios Neptuno (Poseidón para los griegos) y no creyó que el gran caballo de madera fuera una ofrenda a Minerva (Atenea para los griegos). Sin embargo, dos serpientes atacaron a Laocoonte y a sus hijos mientras se disponían a realizar un ritual para Poseidón y los tres fallecieron.

Esto fue interpretado erróneamente por los troyanos como una señal divina de que Laocoonte no estaba en lo cierto.

Casandra, hija de Príamo y princesa de Troya, poseía el don de la profecía, pero también la maldición de que ningún mortal creería sus augurios. El dios Apolo le otorgó ambos atributos al haber rechazado la princesa los acercamientos amorosos del

dios. Casandra vaticinó la caída de Troya a causa del caballo, pero nadie la creyó.

Los troyanos introdujeron el caballo dentro de sus murallas y, por la noche, los mejores soldados, dirigidos por Odiseo, salieron de las tripas del caballo, abrieron las puertas de la ciudad y tomaron Troya. Los troyanos pensaron que los aqueos se habían retirado y ya habían celebrado la victoria durante la noche, por lo que el ataque los pilló completamente desprevenidos. Troya fue saqueada y destruida y las mujeres troyanas tomadas como esclavas.

Eneas, hijo de Anquises y Afrodita, lideró a los troyanos supervivientes a nuevas tierras, tal como Virgilio nos relata en la *Eneida*. Este personaje fue retratado por Virgilio como el antepasado del pueblo romano y de la familia de Julio César. Puedes conocer la historia y el largo viaje de Eneas en la página 255.

Los griegos perdonaron a Antenor, cuñado de Príamo, pues él fue defensor de devolver a Helena a Menelao desde un comienzo. Así, este escapó y fundó la ciudad de Padua.

Por otra parte, la *Odisea* de Homero nos relata cómo después de la guerra de Troya, Odiseo (Ulises para los romanos) trató de regresar durante veinte años a su hogar en Ítaca tras enfurecer al dios de mar Poseidón, como veremos a continuación.

ODISEO

O diseo era, tal como hemos descubierto en las últimas páginas, rey de Ítaca, esposo de Penélope y padre de Telémaco, además del héroe griego más ingenioso. La *Odisea* de Homero nos narra el regreso de Odiseo a su patria. Debido a su gran ingenio e inteligencia, la diosa Atenea siempre sintió simpatía por él y lo ayudó en varias ocasiones. El viaje de Odiseo comenzó después de la guerra de Troya. Una travesía por mar, que con viento favorable se hubiera completado en poco tiempo, se complicó sobremanera al haber ofendido el héroe al dios Poseidón. En la *Odisea* aparecen las aventuras que vivió Odiseo en su viaje de veinte años a través del Mediterráneo, donde se enfrentó a grandes peligros y se cruzó con dioses, criaturas y algunas amantes por el camino.

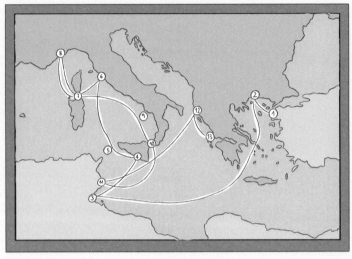

El largo viaje de Odiseo desde Troya (1) hasta Ítaca (13).

TELÉMACO

La *Odisea* comienza a mitad de historia, poniéndonos en contexto de lo que ha acontecido en Ítaca durante la gran ausencia de Odiseo. El palacio del rey de Ítaca se encontraba atestado de pretendientes. La reina Penélope no quería tomar un nuevo marido, pues mantenía la esperanza de que Odiseo siguiera con vida y regresara por fin a Ítaca. Por ese motivo, para retrasar la toma de una decisión, proclamó que cuando terminara el gran tapiz que estaba tejiendo, elegiría a un nuevo marido. No obstante, Penélope escondía un secreto: todo aquel trabajo que adelantaba por el día lo deshacía por la noche, convirtiendo el tejido del tapiz en una historia interminable y postergando al máximo su decisión.

Atenea bajó del Olimpo y tomó la forma de mentor para hablar con el hijo de Odiseo, Telémaco. La diosa de la sabiduría animó al joven a ir en busca de su padre. Telémaco entonces tomó una nave y algunos hombres y partió hacia Pilos acompañado por

Atenea en forma de mentor, con la esperanza de obtener noticias sobre Odiseo. Néstor, rey de Pilos, los recibió. El rey les aconsejó partir hacia Esparta en busca de Menelao, ya que tal vez este pudiera saber más que él. El joven Telémaco se encaminó a Esparta, donde lo recibieron Menelao y la reina Helena. Allí Telémaco tuvo más suerte y Menelao le contó al joven como Proteo —un dios marino hijo de Poseidón— le confió que Odiseo se encontraba retenido en una isla por la ninfa Calipso.

Penélope y su tapiz.

ODISEO PARTE DE LA ISLA DE CALIPSO Y LLEGA A ESQUERIA

Zeus decidió enviar a su mensajero, Hermes, a la isla de Calipso para exigirle a la ninfa que dejase ir a Odiseo. Aunque esta le ofreció la inmortalidad al rey de Ítaca si elegía quedarse, Odiseo extrañaba a su mujer y a su patria y decidió partir de inmediato.

Pero Poseidón, enfadado con el héroe —pronto descubriremos las razones— hundió su nave. La nereida Leucótea ayudó a

Odiseo a alcanzar la costa y la princesa Nausícaa lo llevó hasta el palacio de su padre, el rey Alcínoo de Esqueria. En un banquete ofrecido en honor de su huésped, el rey se interesó por conocer la historia de Odiseo, y este le relató sus aventuras y desventuras, recogidas a continuación.

POLIFEMO, CIRCE
Y EL DESCENSO AL HADES

Al salir de Troya, Odiseo y sus hombres se enfrentaron a los cícones y los lotófagos. Después llegaron a la isla de los cíclopes, donde lucharon contra Polifemo, hijo de Poseidón. Para huir de él, lo cegaron, pero Polifemo, ciego, los persiguió y Odiseo cometió un error que lo condenaría. Orgulloso de sí mismo por haberse zafado del cíclope gracias a su ingenio, el héroe gritó su nombre:

—Que sepas que el rey de Ítaca, ¡¡Odiseo!!, es el responsable de que estés ciego. Hasta la próxima.

Poseidón lo escuchó y se enfureció tanto que prometió que no permitiría que Odiseo llegara a Ítaca jamás.

Después de pasar por la isla del dios Eolo, quien trató de ayudarlos sin éxito a llegar a su hogar, y de perder a casi todos sus hombres en la isla de los lestrigones —gigantes que devoraban hombres—, Odiseo acaba llegando al palacio de la hechicera Circe, en la isla de Eea. Circe era capaz de hacer que los hombres olvidaran su hogar con el movimiento de su varita y de convertir en animales a aquellos que la desagradaban u ofen-

El cíclope Polifemo.

*La poderosa hechicera Circe transforma
a los hombres en cerdos.*

dían. La hechicera transformó a la mitad de los hombres de
Odiseo en cerdos. Odiseo los rescató y gracias a Hermes descubrió la hierba moly, que lo hizo inmune a los hechizos de Circe.
La hechicera se enamoró del héroe y lo convenció para que se
quedase con ella un año, tras el cual Odiseo partió de nuevo hacia Ítaca.

Después, Odiseo penetró en las profundidades del Hades
para pedir consejo al adivino Tiresias, que le advirtió de que el
regreso a Ítaca seguiría siendo muy complicado. En el inframundo, Odiseo se encontró con los espectros de su madre An-
ticlea, de algunos héroes de la guerra de Troya y con el mismísimo Heracles.

Las sirenas.

LAS SIRENAS, ESCILA Y CARIBDIS

De nuevo en el mar, Odiseo y sus hombres se enfrentaron a las sirenas, unas malvadas criaturas con rostro de mujer y alas de ave, que con su canto volvían locos a los marineros y los llevaban a la perdición. Odiseo quería experimentar su legendario canto, así que ordenó a sus hombres que lo ataran al mástil de la nave —para impedirle hacer alguna locura— y les pidió que ellos se tapasen los oídos con cera para que no escucharan la voz de las criaturas ni sus súplicas para ser liberado, y así pudieran seguir navegando. Sorteadas las sirenas, los marineros consiguieron zafarse de los monstruos Escila y Caribdis, pero tras pasar por la isla de Helios y sacrificar algunas de sus reses sagradas, Zeus destruyó la nave. Solo sobrevivió Odiseo, quien consiguió nadar hasta la isla de Calipso, donde se encuentra al inicio de la historia.

EL REGRESO A ÍTACA

Conmovido por su relato, el rey ayudó a Odiseo a regresar a Ítaca. Al llegar a su ciudad, Odiseo se disfrazó de mendigo para no revelar su identidad ante sus enemigos. Solo lo reconoció su viejo perro Argos, que tras tanto esperarlo falleció ante él. Cuando Odiseo por fin se reencuentra con su hijo Telémaco, entre los dos planean la venganza contra los pretendientes de Penélope y, con ayuda de Atenea, consiguen derrotarlos.

Al final de la historia podemos apreciar la gran evolución que ha sufrido Odiseo gracias a su viaje. De un joven inteligente pero vanidoso que ofendió al dios del mar, al sabio viejo que es capaz de ser humilde y paciente para lograr su objetivo. El poema «Ítaca», del escritor griego Kavafis, reflexiona sobre el viaje de Odiseo y nuestro propio viaje en la vida, donde las experiencias que vivimos nos van moldeando, y sobre la importancia de vivir cuantas más experiencias posibles para crear una vida rica y disfrutar del camino.

En primer plano la muerte de Dido, enamorada de Eneas por arte de Afrodita.
En segundo plano, Eneas parte en su barco hacia su siguiente destino,
la península itálica.

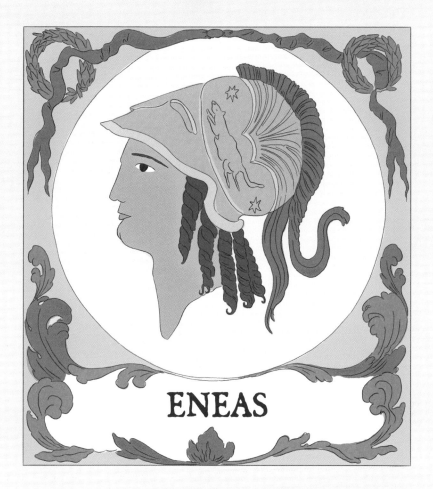

ENEAS

Eneas es el héroe que supone el puente entre la mitología griega y la romana, hasta el punto de que Julio César decía descender de él. Al igual que Odiseo, Eneas comenzó un largo y dificultoso viaje una vez la guerra de Troya terminó y la ciudad quedó destruida. Eneas estaba emparentado con la familia real troyana y consiguió escapar de Troya con su anciano padre, Anquises, gracias a una visión que la diosa Afrodita y el fantasma del príncipe Héctor le otorgan, donde además la diosa le profetiza un glorioso destino, en el que Eneas encontrará la tierra para dar continuidad al pueblo troyano y su estirpe. No es casualidad que la diosa del amor sintiera tal predilección por este héroe: Afrodita era la madre de Eneas. Anquises, hijo de los reyes Capis y Temiste y padre de Eneas, fue el único mortal que yació con la diosa del amor. Al acabar la guerra de Troya, Eneas huyó de la ciudad con su anciano padre en hombros, su hijo y su mujer, Creúsa, quien falleció al poco tiempo. El fantasma de Creúsa animó a Eneas a continuar su viaje y a no mirar hacia el pasado. El destino de Eneas era conducir a un grupo de troyanos que sobrevivieron a la guerra hacia la península itálica, aunque él al comienzo de esta historia todavía lo desconocía.

En su camino, primero paró en Tracia, al principio Eneas pensó que ese era el lugar anunciado por su madre, pero el fantasma de Polidoro, príncipe de Troya, aconsejó a Eneas en sentido contrario y abandonaron el lugar. Continuaron su periplo hasta Delos y Creta; después de pasar terribles dificultades allí, partieron de nuevo. Eneas se enfrentó también a las arpías, a las que derrotó, y tras navegar a través del Mediterráneo alcanzaron costas sicilianas. Allí, en Sicilia, el anciano Anquises halló la muerte. Dido, la reina de Cartago se encontraba en la comitiva de bienvenida a Eneas a Sicilia y se enamoró locamente del héroe por mediación de Afrodita. Al partir de nuevo Eneas en busca de su destino, Dido no pudo soportar el dolor y decidió poner fin a su vida. Por fin Eneas llegó a la península itálica, a las tierras de Cumas, donde la sibila (una sacerdotisa y profeta de Apolo) lo guio hasta los Campos Elíseos para que se rencontrara con su padre. Anquises le anunció a Eneas que, tras varios conflictos bélicos, el héroe fundaría una ciudad que sería la más poderosa del Lacio y también le narró la futura gloria del pueblo romano. Así fue. Eneas impuso su poder en Lacio, se casó con la princesa latina Lavinia y fundó la ciudad de Lavinio, la más poderosa hasta que Rómulo y Remo fundaron Roma. El hijo de Lavinia y Eneas, Yulo, fue antepasado de la familia Julia (la familia de Julio César). La *Eneida* de Virgilio fue encargada por el emperador Augusto. Virgilio partió de los poemas homéricos para atribuir un origen legendario a Roma y así simbolizar un puente entre las dos grandes culturas.

CAPÍTULO VI

OTROS MITOS

Mitos breves que dan explicación a palabras
o bellas historias de amor y venganza

EROS Y PSIQUE

Una historia de amor

La historia de Eros y Psique (cuyo nombre significa «alma») la encontramos en *El asno de oro*, del autor romano Apuleyo. Psique era la más pequeña y bella hija del rey de Anatolia. Era tan preciosa que los mortales comenzaron a hacerle ofrendas como si de la diosa Afrodita se tratara. Esto enfureció a la diosa de la belleza, que envió a su hijo Eros para que lanzara una flecha a Psique y se enamorara del más pobre y poco agraciado de los mortales.

El padre de la joven, mientras tanto, se preguntaba cómo era posible que siendo Psique la más bonita de sus hijas esta no tuviera ningún pretendiente. Por lo tanto, decidió preguntar al oráculo de Apolo para encontrar soluciones y respuestas. La pitia le dijo al rey que para que su hija encontrara marido debería dejarla al borde del más alto precipicio, y así lograría casarse con un monstruo. Así lo hizo, y desde el precipicio Psique fue mecida por la brisa y conducida a lejanas tierras, donde fue suavemente depositada y se quedó dormida. Despertó en un bello prado donde se encontraba un hermoso castillo. Psique entró, y aunque no veía criadas, podía oírlas y ellas se encargaron en todo momento de atender a Psique. Tal como profetizó el oráculo, Psique encontró marido, pero con una particularidad: este solo la visitaba por la noche y nunca dejaba que lo viera. Una noche Psique compartió con su marido que echaba mucho de menos a sus hermanas y que le gustaría poder hacerles una visita. Su marido accedió, porque lo que más quería era ver feliz a su joven mujer, pero le advirtió que sus hermanas arruinarían su dicha. Psique partió hacia su antiguo hogar. Las hermanas de Psique, curiosas, no dejaban de preguntarle a su hermana pequeña cómo era su marido. Psique intentó evadir las preguntas, pero finalmente les confesó que desconocía qué apariencia tenía porque siempre se amaban de noche. Las hermanas mayores convencieron a Psique para que en la próxima noche que compartieran lecho encendiera un pequeño farol para iluminar el rostro de su marido y así poder conocer su identidad. Les parecía bastante *red flag* que nunca se mostrara y, además, siempre se habían sentido celosas de Psique, así que no dudaron en sembrar las dudas en la mente de la joven. A la vuelta al palacio, Psique hizo lo que sus hermanas mayores le dijeron; cuando su marido se encontraba durmiendo, encendió una pequeña vela para iluminar su cara. ¡Se trataba del dios Eros, que al haber ido a atender la misión que su madre le encomendó, se había enamorado de la joven Psique, prendado por su gran belleza! Una gota de cera resbaló de la vela y cayó en el rostro de Eros, quien salió volando y desapareció. Psique, embarazada y muy arrepentida, comenzó a vagar por el mundo en búsqueda de su marido, sufriendo grandes calamidades, en parte gracias a Afrodita, que se hallaba enfadada porque su hijo no la había obedecido y estaba celosa de Psique. Afrodita le impuso una serie de condenas, todas ellas casi imposibles, hasta que finalmente la diosa pidió a la mortal que bajara al inframundo y reclamase a Perséfone un poco de su belleza en una caja. Aunque Psique estuvo a punto de suicidarse —porque pensaba que era la manera más rápida de llegar al mundo de los muertos—, una voz le susurró el camino y las formas para llegar al inframundo sin necesidad de fallecer y poder retornar de nuevo al reino de los vivos. Psique consiguió su objetivo, pagó las monedas a Caronte para transportarla y dio pastel a Cerbero para que le permitiera atravesar las puertas del inframundo.

De vuelta al mundo de los vivos, Psique no pudo evitar abrir la cajita de la belleza de Perséfone para tomar algo de belleza para ella. «Así quizá Eros me volverá a querer», pensó. Al abrir la caja lo que encontró fue un sueño de muerte. Eros, que la había estado observando todo el tiempo, la salvó en el último momento y pidió permiso a los dioses para hacer a Psique inmortal. Los dioses accedieron, y así, Eros y Psique permanecieron juntos para siempre y tuvieron una hija, Hedoné, la personificación del placer.

NARCISO Y ECO

Nunca te enamores de un narcisista
(si puedes evitarlo)

Narciso era un hermoso joven hijo de la náyade Líríope y del dios fluvial Cefiso. Líríope preguntó al adivino Tiresias cuán larga sería la vida de su hijo y este le contestó: «Vivirá hasta que se conozca a sí mismo». Narciso creció y se convirtió en un apuesto joven que ignoraba a todas sus pretendientes por con-

siderarse superior a ellas. La ninfa Eco fue uno de esos pretendientes, había quedado maldita por la diosa Hera —como es
costumbre, por celos— y tan solo podía articular las palabras
que los demás repetían. Al ser rechazada por Narciso, Eco se
recluyó en una cueva y quedó reducida al eco que hoy conocemos. Némesis decidió intervenir e hizo que Narciso se enamorara de sí mismo. Cuando vio su reflejo en el agua de un arroyo
se ahogó al intentar besarse. En ese lugar creció la flor del narciso, para advertir a los mortales sobre el peligro de ser un…
narcisista.

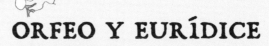

ORFEO Y EURÍDICE

Los peligros de echarse un novio músico

Orfeo, hijo del dios Apolo y la musa Calíope, era un bello joven muy habilidoso con la lira. La música que Orfeo tocaba era tan hermosa que todas criaturas del bosque se acercaban a oírlo tocar. Uno de esos días, la joven ninfa Eurídice se encontraba escuchando escondida a Orfeo, cuando este se percató de su presencia y la saludó. Fue amor a primera vista: poco tiempo después decidieron casarse. No obstante, Eurídice fue víctima de la mordedura de una serpiente venenosa, pocos meses después de la celebración de la boda. Por desgracia, ella murió y

Orfeo se sumió en una terrible pena. Un día Orfeo, sumido en la miseria y echando de menos a su joven y bella esposa, convino bajar a las mismísimas profundidades del inframundo para poder volver a verla y recuperarla, costara lo que costara (y tú preocupada por un tipo que es incapaz de contestarte un mensajito desde hace cuatro días). Orfeo, tras caminar grandes distancias y sortear muchos peligros, consiguió llegar a las orillas del Estigia, allí entonó un bello cántico para narrar al barquero Caronte los acontecimientos de su breve matrimonio con Eurídice y su gran pena al perderla, y este, conmovido, decidió llevarlo ante Hades y Perséfone para que el joven consiguiera su propósito: recuperar a su amada esposa. Cuando por fin Orfeo se encontró ante los dioses del inframundo y tras volver a narrarles su historia con una bella cantinela, Hades, emocionado por el gran amor que Orfeo profesaba a Eurídice, permitió a la joven regresar al mundo de los vivos junto con su marido, pero le impuso una condición al músico.

—Debes salir del inframundo por la misma ruta que has seguido para adentrarte en él. Eurídice te acompañará y seguirá tus pasos, pero bajo ningún concepto debes darte la vuelta para mirarla antes de que el sol bañe completamente su cuerpo.

Orfeo, muy agradecido, aceptó y comenzó a recorrer los umbríos senderos del inframundo camino a la superficie, envuelto en el más estricto silencio y sin ninguna pista que le indicara, tal como le aseguró Hades, que su amada lo seguía de cerca. Después del largo camino, Orfeo vislumbró por fin la luz del sol. Había conseguido contener su impaciencia y acallar sus dudas hasta entonces, pero justo en el último momento no pudo aguantarlo más y se giró para ver si realmente Eurídice se encontraba con él. ¡Así era! Su amada había seguido sus pasos muy de cerca, pero al no haber cumplido la condición del dios de las tinieblas, se esfumó inmediatamente. Orfeo se sumió en la desesperación y rogó a los dioses sin éxito una segunda oportunidad. Cuando el músico murió años después, por fin pudo reunirse con su amada y estar juntos toda la eternidad en el Hades.

DÉDALO E ÍCARO

Los peligros de la imprudencia
y de no obedecer a los mayores

Dédalo, brillante arquitecto autor del laberinto del Minotauro, era el padre de Ícaro y ambos se hallaban prisioneros en el palacio del rey Minos. Dédalo fabricó con cera y plumas de diferentes pájaros alas para poder escapar volando. Una vez fabricadas, enseñó a su hijo a volar y le advirtió que no lo hiciera demasiado cerca del sol, ya que la cera se derretiría y se precipitaría al vacío. Cuando se encontraban surcando el cielo y el mar gracias a las ingeniosas alas, Ícaro hizo oídos sordos al consejo de su padre y comenzó rápidamente a tomar altura. Tal como le advirtió Dédalo, la cera se derritió e Ícaro se precipitó hacia su muerte. En su honor, Dédalo decidió nombrar Icaria a la isla cercana a donde Ícaro había fallecido.

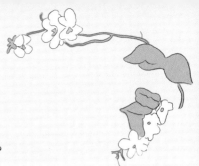

TIRESIAS

¿El primer cambio de género?

Tiresias provenía de Tebas. Un día, paseando por los bosques del monte Cilene, se topó con dos serpientes apareándose y les propinó un golpe con la vara que portaba. Hera, disgustada, lo convirtió en mujer. Siete años después, Tiresias volvió a encontrarse dos serpientes apareándose y decidió no golpearlas esa vez, por lo que Hera lo devolvió a su forma masculina original.

Tiempo después, Hera y Zeus, discutían sobre quién sentía más placer sexual, el hombre o la mujer. Recurrieron a Tiresias, quien afirmó que la mujer disfrutaba diez veces más. Hera, indignada con la respuesta, lo cegó. Zeus, a cambio, le convirtió en un gran adivino, pero sin devolverle la vista para no contrariar a su mujer.

PIGMALIÓN

El hombre que esculpió a su mujer perfecta
(y se enamoró de su creación)

El rey Pigmalión de Chipre quería encontrar una esposa. Sin embargo, ninguna de las mujeres que conocía le gustaba del todo y él deseaba a la mujer perfecta para él. Hastiado de esta situación, pensó que el amor no era para él y que nunca encontraría su media naranja, y decidió invertir todo su tiempo en su gran pasión: la escultura. Pigmalión creó en su taller las más bellas estatuas y un día talló una de tal inigualable belleza que se enamoró de ella y la nombró Galatea. Afrodita, conmovida por el amor de Pigmalión hacia su creación, convirtió a la estatua en una mujer de carne y hueso para que de esa forma ambos pudieran disfrutar de su amor. Pigmalión y Galatea se casaron y tuvieron a Pafos como hijo.

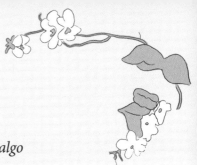

SÍSIFO

Cuando pones mucha energía en algo
para nada

Sísifo fue el rey de Éfira, codicioso y avaro, únicamente centrado en las riquezas materiales. Su codicia llegaba a tal punto que asaltaba a viajeros para apoderarse de sus riquezas. Por este motivo fue castigado por los dioses. Tánatos (la muerte) fue en busca de Sísifo, pero este lo engañó y lo hizo prisionero. Zeus, al darse cuenta de que nadie estaba muriendo en la tierra, fue consciente del ardid de Sísifo y entonces Ares liberó a Tánatos. Tras la muerte de Sísifo años más tarde, los dioses le impusieron el terrible castigo de subir todos los días una roca por la ladera de una montaña. Al estar a punto de alcanzar la cúspide, la piedra rodaba hasta abajo y debía volver a empezar desde el principio en un ciclo sin fin por toda la eternidad. Por este motivo se denomina «trabajo de Sísifo» a uno arduo e inútil.

MEDUSA

El origen del monstruo según Ovidio

Medusa era una de las tres gorgonas según la tradición clásica. Hija de Equidna y Tifón y hermana de Esteno y Euríale. Las tres hermanas eran capaces de convertir en piedra a cualquiera que cruzara su mirada con ellas y poseían serpientes por cabellos.

No obstante, Ovidio nos ofrece otra visión sobre el origen de Medusa. Para este autor se trataba de una joven sacerdotisa de Atenea que fue violada por el dios Poseidón. Como castigo por no permanecer casta como era mandato entre sus sacerdotisas, Atenea la condenó a convertirse en la monstruosa criatura que ya conocemos y, además, guio los pasos del héroe Perseo para acabar con la vida de la gorgona mientras se encontraba embarazada de Poseidón.

LAS CARIÁTIDES

*Las mujeres condenadas a sorportar
el peso del templo por toda la eternidad*

Una cariátide es una escultura con forma de mujer que funciona como pilar. Podemos encontrarlas en la acrópolis de Atenas, en la Tribuna de las Cariátides en el Erecteón. Su nombre proviene de Caria, una región aliada de los persas en las guerras médicas. Según la tradición, las mujeres de Caria fueron esclavizadas y sometidas a arduos trabajos, por ese motivo se las representa cargando el peso del templo. El equivalente arquitectónico masculino de una cariátide es un atlante (referencia al titán Atlas, condenado por Zeus a cargar la bóveda celeste por toda la eternidad).

CAPÍTULO VII

CRIATURAS
Y MONSTRUOS

Fig. 1

Fig. 2.

Fig. 3.

Fig. 4

Fig. 5

Fig. 6

CRIATURAS Y MONSTRUOS I

En la mitología griega podemos encontrar multitud de criaturas y animales fantásticos que intervienen en los relatos. Algunos son monstruos terribles; otros, buenos amigos o compañeros de dioses y héroes. Muchos de ellos resultan de una combinación de partes de diferentes animales o son seres híbridos con rasgos de hombre y de bestia.

Fig. 1. Gigante
Hombres de grandes dimensiones, superaban en tamaño grandes rocas y montañas, por lo que poseían una fuerza descomunal. Algunos de ellos tenían características más concretas como los hecatónquiros, gigantes de cien brazos y cincuenta cabezas, o Argos Panoptes («el que todo lo ve»), un gigante de cien ojos que pastoreaba a la vaca Ío.

Fig. 2. Dragón
El dragón era una serpiente monstruosa bien por sus dimensiones, o bien por sus poderes o atributos. Algunos ejemplos son el dragón de la Cólquida, al que Jasón y Medea se enfrentaron y el dragón Ladón, custodio del jardín de las Hespérides.

Fig. 3. Ceto
Monstruo marino hijo de Gea y Ponto. El término «Ceto» pasó más tarde a designar cualquier monstruo marino.

Fig. 4. Anfisbena
Serpiente con una cabeza en cada extremo. Anfisbena nació de la sangre de la cabeza de Medusa, que goteó sobre el desierto de Nubia en el viaje de Perseo. Poseía una mordida venenosa y la capacidad de regenerarse.

Fig. 5. Basilisco
Serpiente gigantesca y monstruosa capaz de matar con la mirada. En representaciones posteriores a la cultura griega adquirió atributos de ave, pero conservó las características de reptil.

Fig. 6. Sirena
Las sirenas se distinguían por ser aterradoras criaturas que con su canto conducían a los marineros a la perdición. Se representaban como criaturas con rostro de mujer y cuerpo de pájaro. En uno de los cantos más conocidos de la *Odisea*, el XII, Odiseo (o Ulises) se encuentra con las sirenas.

Fig. 7

Fig. 8

Fig. 9

Fig. 10

Fig. 11

Fig. 12

CRIATURAS Y MONSTRUOS II

Fig. 7. Grifo
Se trata de una criatura con cabeza y alas de pájaro, cuerpo de león y grandes garras. Los grifos eran seres consagrados al dios Apolo y custodiaban los tesoros de este y las cráteras de vino de Dioniso.

Fig. 8. Arpía
Criatura con torso y cabeza de mujer, alas, garras y atributos reptilianos. Su principal cometido era robar la comida a Fineo por orden de Zeus. Jasón y los argonautas se enfrentaron a ellas. Eran hijas de Taumante y Electra.

Fig. 9. Sátiro
Hombrecillos con patas y cuernos de cabra. Pan y Sileno son los más famosos sátiros. Solían representarse como parte de la corte de Dioniso y eran conocidos por ser juerguistas y perseguir lascivamente a las ninfas, criaturas que descubriremos más adelante.

Fig. 10. Esfinge
Se trata de una temible y despiadada criatura con cuerpo de león, cabeza de bella mujer y alas. Según Hesíodo, era hija de Quimera y Ortro (el perro de dos cabezas hermano de Cerbero). Las esfinges solían representarse como guardianas ante importantes accesos y acababan con la vida de aquellos que no adivinaban su acertijo, o enigma: «¿Qué ser, provisto de una sola voz, camina primero de cuatro patas por la mañana, sobre dos patas al mediodía y con tres al atardecer?». Edipo adivinó el acertijo. La respuesta era el hombre.

Fig. 11. Hipocampo
Criatura marina con cuerpo de caballo y cola de pez, solía acompañar y simbolizar a Poseidón.

Fig. 12. Hipalectión
Criatura poco común pero que aparece en varias representaciones artísticas cerámicas. Se trataba de un híbrido entre caballo —cabeza y patas delanteras— y gallo —plumaje, patas, cuerpo y cola—.

Fig 13

Fig 14

Fig 15

Fig 16

Fig 17

CRIATURAS Y MONSTRUOS III

Fig. 13. Hidra
La hidra de Lerna era un dragón con múltiples cabezas (que al ser cortadas se regeneraban) y fétido aliento. Hija de Equidna y Tifón, fue derrotada por Heracles y Yolao. Puedes conocer su historia en la página 201.

Fig. 14. Gorgona
Mujer con cabellos de serpiente. El poder de las gorgonas residía en convertir en piedra a aquellos que las miraban a los ojos. Eran tres: Medusa, Esteno y Euríale, hijas de Tifón y Equidna.

Fig. 15. Equidna
Madre de numerosos monstruos junto con Tifón, se la suele representar como un monstruo femenino con atributos de reptil.

Fig. 16. Minotauro
Criatura híbrida de toro y hombre, hijo del toro de Creta y la reina Pasífae. Puedes conocer la historia completa del Minotauro en la página 225.

Fig. 17. Centauro
Los centauros eran criaturas con cuerpo de caballo y torso, cabeza y brazos de hombre. Esta apariencia representaba la dualidad de los hombres entre la razón —mitad humana— y los impulsos animales —mitad caballo—. Los centauros descendían de la antigua estirpe del rey Ixión y Néfele, diosa de las nubes.

La Centauromaquia

El enfrentamiento entre los centauros y los hombres simboliza el triunfo de la razón frente a la fuerza bruta. Los centauros vivían en los montes de Tesalia y Arcadia; durante la celebración de las bodas de la princesa Hipodamía y Pirítoo, rey de los lapitas, los centauros invitados, ebrios, trataron de secuestrar a la novia, y esto desencadenó el enfrentamiento entre hombres y centauros. Este suceso lo podemos ver representado en las metopas del Partenón de Atenas.

Los centauros más famosos de la mitología son Asbolus (adivino capaz de ver presagios en el vuelo de las aves), Quirón (el centauro más sabio y entrenador de héroes), Ctonio (uno de los centauros asesinados en las bodas de Pirítoo e Hipodamía), Folo (amigo de Heracles y muerto accidentalmente por el héroe) y Neso (perverso centauro que trató de raptar a Deyanira, mujer de Heracles).

Fig. 18

Fig. 19

Fig. 20

Fig. 21

Fig. 22

Fig. 23

Fig. 24

CRIATURAS Y MONSTRUOS IV

Fig. 18. Pegaso
Caballo alado nacido de la sangre de la gorgona Medusa cuando es decapitada por Perseo. Para conocer el mito completo de su nacimiento retrocede hasta la página 189.

Fig. 19. Cerbero
Cerbero o Can Cerbero era el aterrador perro de tres cabezas que custodiaba las puertas del inframundo. Era propiedad del dios Hades y aparece en varios mitos, especialmente cuando los dioses y héroes visitan el inframundo. Descendía de Equidna y Tifón.

Fig. 20. Cíclopes
Los cíclopes poseían apariencia de hombre, pero contaban con un solo ojo. Arges, Brontes y Estéropes fueron tres de los primeros cíclopes. Hijos de Gea y Urano, fueron encerrados en el Tártaro por su padre. Polifemo, hijo de Poseidón, fue el desencadenante del largo periplo de Odiseo de regreso a Ítaca pues, al cegar al cíclope, Odiseo desató la furia del dios del mar.

Fig. 21. Quimera
La quimera era una terrible criatura con atributos de león, cabra y cola de serpiente con la que consiguió acabar el héroe Belerofonte (véase la página 192).

Fig. 22. Pájaro de Estínfalo
Los pájaros de Estínfalo eran aves de poderosa envergadura, pico de oro y garras de bronce. Puedes conocerlos junto con otras criaturas en las páginas dedicadas a Heracles (páginas 199-219).

Fig. 23. Fénix
Ave que posee la capacidad de renacer de sus propias cenizas. Se cree que el mito del ave fénix proviene de Egipto, pero autores griegos como Heródoto se hacen eco de él.

Fig. 24. Tritón
Tritón es un dios menor del mar, hijo de Poseidón y Anfítrite, pero el término «tritón» pasó a emplearse para nombrar a una criatura híbrida hombre-pez.

Autómatas

Los autómatas son figuras metálicas animadas que Hefesto fabricaba en su fragua. Talos es el más famoso de ellos, un gigante protector de Creta. Los calcotauros fueron toros de bronce regalados por Hefesto al rey Eetes.

CRIATURAS Y MONSTRUOS V

LAS NINFAS

A lo largo de *Mythos* ya hemos descubierto la historia de algunas de las más importantes ninfas, como las ménades, compañeras de Dioniso, o la ninfa Dafne y su fallido idilio con Apolo.

Debido a la importancia de las ninfas, debemos dedicar unas páginas a conocerlas. Las ninfas no son exactamente deidades, pero tampoco criaturas comunes y mortales; podríamos incluirlas entre los dioses menores, pero forman un importante grupo por sí mismas, con subgrupos y categorías que a veces se solapan entre sí. Son mujeres siempre jóvenes y bellas, que suelen estar relacionadas con la naturaleza y representar ciertos elementos de esta. Existen diferentes tipos de ninfas según el lugar del que procedan o los elementos naturales que habiten. Se trata de hermosas criaturas muy cercanas a los dioses, a veces consideradas incluso hijas de Zeus. Las ninfas forman parte en ocasiones de los cortejos de diferentes divinidades e incluso protagonizan junto con ellos romances y conciben su descendencia. Suelen ser espíritus libres que habitan bosques, praderas, ríos y cielos. Juegan cantarinas y felices encarnando el lado más femenino y creativo de la naturaleza. Descubramos algunos de los grupos de ninfas más conocidos.

NINFAS TERRESTRES

ALSEIDES
Eran las ninfas que habitaban las flores. Eran protectoras de la naturaleza y cada una elegía una flor como emblema. Aunque de carácter afable, también podían mostrarse rencorosas y defensivas si algún hombre destruía o profanaba su hogar. Podemos decir que son equiparables a las hadas.

DRÍADES
Las dríades eran las ninfas de los árboles y habitaban los bosques durante los largos años que duraba su vida —mucho más larga que la de los mortales—. Entre las dríades podemos encontrar a Dafne, amada de Apolo y vinculada al árbol del laurel; las mélides (protectoras de los manzanos), y las melias (dríades vinculadas a los fresnos).

AULONÍADES
Eran las ninfas que habitaban los prados y pastos, especialmente relacionadas con el dios Pan. Eurídice, amor de Orfeo, era una de estas ninfas.

ORÉADES
Estas ninfas protegían las grutas, cuevas y rocosas montañas. Algunas de las más conocidas oréades son la ninfa Eco —que vivió su desventura amorosa con el vanidoso Narciso—, así como las niñeras de Zeus: Ida, Adrastea y Amaltea, que habitaban el monte Ida.
Mis ninfas van vestidas de Simone Rocha.

NINFAS CELESTES

PLÉYADES

Eran las siete hijas del titán Atlas y la ninfa Pléyone. Formaban parte del cortejo de la diosa Artemisa y custodiaban las altas montañas. Estas son: Maya (madre con Zeus de Hermes), Celeno (madre de Eufemo, Lico y Nicteo con Poseidón), Táigete (amante de Zeus), Estérope (amante de Ares), Electra (amante de Zeus también), Alcíone (amante de Poseidón y madre con él de tres hijos) y Mérope (que con Sísifo tuvo a Glauco).

HESPÉRIDES

Eran hijas de Nix, la noche. Higinio las considera tres (Egle, Hesperia y Érica), pero para otras fuentes son hasta siete. Se dedicaban a cuidar el jardín de su mismo nombre, el jardín de las Hespérides por encargo de la diosa Hera, junto con el dragón Ladón. Los manzanos procedían de los frutos que Gea dio como regalo de boda a Zeus y a Hera.

HÍADES

Fésile, Corónide, Cleea, Feo y Eudora eran hijas de Atlas y Pléyone y las responsables de la lluvia. Cuidaron del dios Dioniso cuando era un bebé.

NÉFELES

Hijas de Océano, eran las ninfas relacionadas con las nubes. Se encargaban de subir el agua de su padre Océano a las nubes para que así la lluvia fuera posible y regara la tierra.

LAS AURAS
Ninfas de los vientos
suaves y de las agradables
brisas, se las puede
reconocer por sus velos
ondulantes.

NINFAS ACUÁTICAS

NÁYADES
Eran las ninfas de los cuerpos de agua dulce —ríos, lagos, pozos, manantiales y arroyos—. Eran hijas de un dios fluvial y solían ser la personificación del propio río, con el que compartían nombre. Aretusa, por ejemplo, era la náyade del manantial que lleva su nombre en la isla de Sicilia, o Ío, hija del dios fluvial Íaco y amante de Zeus —quien se transformó en una nube para poder estar con ella—. Existen otras muchas náyades, decenas, como Dirce, Acrea, Alce, Eubea, Harpina o Métope, esposa de Asopo.

CRENEAS
Son las ninfas asociadas a los pozos y las fuentes.

HELEADES
Ninfas esquivas que viven en los pantanos.

LIMNÁTIDES
Ninfas de los lagos. Salmacis, la ninfa que se enamoró de Hermafrodito y con el cual se fusionó en un solo ser de género indefinido, era una limnátide.

POTÁMIDES
Ninfas de los riachuelos y arroyos.

OCEÁNIDES
Las ninfas acuáticas del mar, es decir, del agua salada.

NEREIDAS
Dentro de las oceánides destacan las nereidas. Estas eran hijas del dios del mar Nereo, hijo de Ponto. Vivían en las profundi-

dades del mar, pero ocasionalmente emergían para ayudar a los marineros, como ocurrió con el Argos, el barco de Jasón y los argonautas. Simbolizaban lo bello del mar, el buen tiempo y los cielos despejados para navegar y las buenas criaturas marinas que servían de sustento al hombre. Algunas de las nereidas más destacadas son:

Anfítrite: Esposa de Poseidón y madre junto con él de Bentesicime, Tritón y Rode.

Clímene: Esposa del titán Jápeto y madre de Atlas, Epimeteo y Prometeo.

Galatea: El cíclope Polifemo se enamoró de ella, pero Galatea lo rechazó y tomó por amante al pastor Acis. Polifemo, celoso, lo aplastó con una roca y Galatea transformó la sangre de Acis en el río del mismo nombre.

Tetis: Madre del gran héroe Aquiles y esposa de Peleo. Hija de Nereo y Doris.

* * *

Diferencia entre nereida, *mermaid* y *siren*

Las nereidas solían ir acompañadas por bellas criaturas marinas como delfines e hipocampos y se adornaban con perlas, conchas y corales. Los griegos las representaban como bellas jóvenes, pero en la actualidad las nereidas se muestran en el arte con cola de pez, creando cierta confusión con las sirenas. Para los griegos las sirenas eran como aves con cabeza y torso de mujer. Por ello es conveniente aclarar que a las nereidas se las representaba como mujeres, aunque fueran criaturas marinas, y las sirenas para ellos no eran como la que solemos asociar a *La Sirenita* de Andersen, con cola de pez. De hecho, en idiomas como el inglés, existen dos palabras diferentes, una para designar a la sirena griega (*siren*) y otra para la sirena del cuento (*mermaid*).

NINFAS OSCURAS

Por último, debemos una visita a las ninfas que moran el reino del dios Hades, el inframundo.

LÁMPADES
Las lámpades eran las sombrías ninfas que portaban antorchas y acompañaban a la misteriosa diosa de la brujería y los fantasmas. Zeus entregó a las lámpades a Hécate como regalo por su ayuda en la lucha contra los titanes, en la que Hécate se situó de parte de los olímpicos.

LEUCE
Hija de Océano y amante de Hades. Como ninfa, aunque vivió muchos años, no alcanzó la inmortalidad, por lo que Hades la transformó en un álamo en los Campos Elíseos.

MENTE
También fue amante de Hades. La diosa Perséfone la transformó en la planta de la menta.

OTRAS NINFAS: MÉNADES Y MUSAS

Las ménades eran las ninfas que acompañaban al dios Dioniso; puedes conocerlas en las páginas correspondientes al dios (páginas 133-134). A las musas, por su importancia y singularidad, puedes conocerlas en el capítulo de dioses menores (en las páginas 178-179).

CAPÍTULO VIII

EL FIRMAMENTO

Las 48 constelaciones antiguas de Ptolomeo
y su origen mitológico

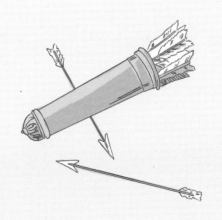

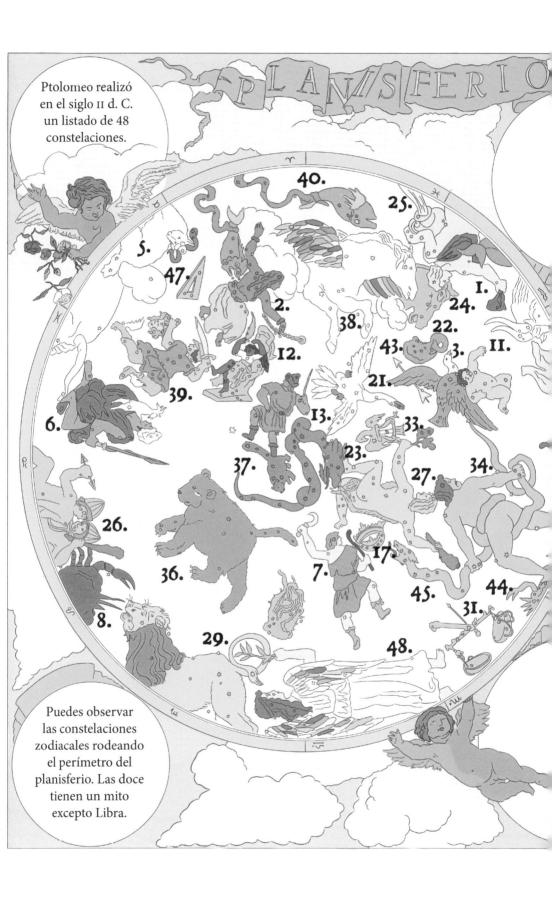

PLANISFERIO

Ptolomeo realizó en el siglo II d. C. un listado de 48 constelaciones.

Puedes observar las constelaciones zodiacales rodeando el perímetro del planisferio. Las doce tienen un mito excepto Libra.

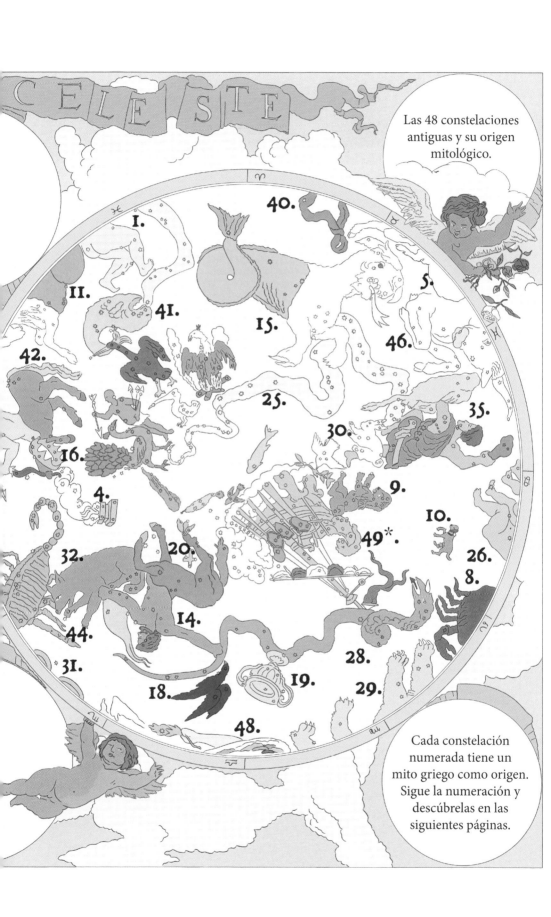

CELESTE

Las 48 constelaciones antiguas y su origen mitológico.

Cada constelación numerada tiene un mito griego como origen. Sigue la numeración y descúbrelas en las siguientes páginas.

LAS CONSTELACIONES

Claudio Ptolomeo fue el más importante astrónomo de la Antigüedad, detalló fielmente las siguientes 48 constelaciones, que se
mantienen hasta nuestros días.

I. ACUARIO
Forma parte de las doce constelaciones zodiacales. La constelación
de Acuario representa a Ganímedes, el copero de los dioses y único
amante masculino de Zeus.

2. ANDRÓMEDA
Andrómeda, princesa de Etiopía e hija de los reyes Casiopea y Cefeo,
fue encadenada a unas rocas por sus padres para aplacar la ira del
dios del mar, Poseidón, furioso por la vanidad de la reina Casiopea,
que comparaba la belleza de su hija con la de las nereidas. Perseo fue
el salvador de Andrómeda, que se encontraba a punto de ser devora-
da por Ceto.

3. AQUILA O EL ÁGUILA
Aquila hace referencia al rapto de Ganímedes: Zeus envió a un águila para secuestrar al bello joven y convertirlo en su amante y en copero de los dioses. Por este motivo, está relacionada con la constelación de Acuario y se encuentran cerca.

4. ARA O EL ALTAR
La constelación de Ara representa el altar en el que los dioses pacta-
ron unirse para acabar con Crono y los titanes.

5. ARIES
Forma parte de las doce constelaciones zodiacales. Representa al carnero dorado que salvó a Hele y Frixo de su madrastra, la reina Ino. El
dios Hermes envió un carnero dorado volador para que los llevara
lejos de su malvada madrastra, que pretendía que sus propios hijos
heredaran el reino de su marido, Atamante. En el trayecto Hele cayó
al mar y murió. Frixo entonces continuó el viaje a pie y, al llegar al
bosque consagrado a Ares en las tierras del rey Eetes, sacrificó al carnero y colgó su piel de un árbol sagrado. Los dioses elevaron al carnero al cielo y nació así la constelación de Aries. Este pellejo dorado fue
el que Jasón, tiempo más tarde tuvo que conseguir en su misión con
los argonautas (véase la página 231).

6. AURIGA

La constelación de Auriga representa a Mirtilo, cochero de Enómao e hijo del dios Hermes. Enómao quería librarse de los pretendientes de su hija retándolos a una carrera de carros, en la que siempre vencía, pues su auriga era excelente. Cuando uno de los pretendientes de su hija gustó a la joven, esta convenció a Mirtilo para que perdiera la carrera a propósito y así poder casarse con él. Mirtilo perdió la carrera, pero también provocó un trágico accidente en el que Enómao falleció, al cambiar los clavos metálicos del carro por otros de cera. La joven consiguió casarse con su pretendiente favorito, pero para vengar la muerte de su padre acabó con la vida de Mirtilo, quien fue puesto en el firmamento por su padre Hermes.

7. BOOTES O EL BOYERO

Existen varias versiones respecto al origen de esta constelación. Lo que sí está claro es que se trata de un pastor de bueyes. Una de las versiones más conocidas nos cuenta que Bootes representa a Filomeleo, hijo de Deméter y Yasonte, el primer agricultor del mundo.

8. CÁNCER

La constelación de Cáncer es una de las doce constelaciones zodiacales y representa al cangrejo Carcinos, habitante de la laguna de Lerna, que fue enviado por Hera para acabar con Heracles después de que el héroe cumpliera el trabajo de matar a la hidra de Lerna. Carcinos fue puesto en el firmamento por Hera después de haber sido aniquilado por Heracles.

9. CANIS MAIOR O CAN MAYOR

La constelación de Canis Maior representa a un perro y se sitúa cerca de la constelación de Orión, a la que parece seguir en el firmamento. La estrella más brillante de esta constelación es Sirio, el perro del cazador Orión que fue elevado a estrella por los dioses (véase la página 123).

10. CANIS MINOR O CAN MENOR

Esta constelación, próxima a Canis Maior, también representa un perro. Para algunos autores muestra también al perro de Orión, Sirio, pero según otros se trata de la perrita de Erígone, Mira. Erígone era hija de Icario de Atenas, un gran admirador del dios Dioniso y famoso por su hospitalidad. Al ofrecer vino a unos pastores, estos se emborracharon y lo asesinaron. Erígone junto con Mira descubrió su cádaver y por esto se suicidó.

II. CAPRICORNIO O CAPRICORNUS

Capricornio forma parte de las doce constelaciones zodiacales. Capricornio representa una cabra con cola de pez. Existen dos versiones del origen de esta constelación. Por una parte, podría representar a la cabra Amaltea, cuya leche alimentó a Zeus cuando era un bebé en el monte Ida. Por otra, Capricornio podría representar al dios Pan —que era mitad hombre mitad cabra—, que al huir de Tifón se arrojó al agua y se transformó parcialmente en un pez. Zeus, que estaba observando, se congratuló del ingenio de Pan y elevó esta transformación a los cielos.

12. CASIOPEA

Casiopea, reina de Etiopía y madre de Andrómeda, ofendió a las náyades al asegurar que su hija las superaba en belleza. Esto provocó la furia del dios del mar. Casiopea se encuentra cercana a la constelación de Andrómeda (2) y Perseo (39) por ser personajes de la misma historia.

13. CEFEO

Cefeo, también próxima a Casiopea, Andrómeda y Perseo, fue el rey de Etiopía del mismo relato.

14. CENTAURUS O EL CENTAURO

El Centauro representa como su nombre indica a la criatura de este mismo nombre mitad hombre, mitad caballo. Puede hacer referencia al sabio centauro Quirón, que se puso a sí mismo en el firmamento como guía para enseñar a los demás a crear constelaciones. También podría representar al amigo de Heracles, Folo, que fue accidentalmente asesinado por el héroe.

15. CETUS

Cetus era la aterradora criatura marina que Poseidón envió a Etiopía para acabar con la vida de Andrómeda, que había sido encadenada a unas rocas por su padre para aplacar la ira del dios del mar. Perseo acabó con la vida del monstruo y se casó con Andrómeda.

16. CORONA AUSTRALIS O LA CORONA DEL SUR

La Corona del Sur no tiene un origen mitológico claro, aunque suele asociarse con la corona que Dioniso entregó a su madre, Sémele, al ser liberada del Hades por el dios del vino.

17. CORONA BOREALIS O LA CORONA BOREAL

La Corona, nombre que Ptolomeo le dio originalmente, tiene relación con Ariadna y Dioniso. Esta, al ser abandonada en la isla de Naxos por Teseo, no quería aceptar en matrimonio a ningún otro mortal. Dioniso empleó la corona como signo de divinidad y Ariadna, complacida, aceptó desposarse con el dios.

18. CORVUS

Apolo tenía a su servicio un cuervo. El dios encargó al ave llenar su copa de agua y, aunque el cuervo acudió, se entretuvo, pues deseaba esperar a que un higo madurase para poder comérselo. Cuando llegó por fin con la copa llena de agua también portaba una serpiente. El cuervo explicó a Apolo que la causa del retraso en el cumplimiento del encargo era que la serpiente lo entretuvo. Apolo sabía que el cuervo estaba mintiendo, por lo que decidió escarmentarle, y para ello elevó al cuervo, la serpiente y la copa al cielo como tres constelaciones. Además, condenó al cuervo a tener siempre sed y no poder saciarla, ya que la serpiente o hidra (28) le impiden beber de la copa (19).

19. CRATER

Representa la copa del mito anterior. Crater es el nombre que los romanos daban a la crátera, un utensilio para diluir el vino en agua.

20. CRUX

Representa una cruz con la que es fácil orientarse en el cielo. No posee un mito en la mitología griega que la explique, pero fue catalogada por Ptolomeo.

21. CIGNUS O EL CISNE

El Cisne representa la metamorfosis de Zeus en este animal para seducir a Leda. Puedes descubrir la historia completa en la página 67. Otra versión asegura que Orfeo fue transformado en cisne y elevado a constelación en esta forma.

22. DELPHINUS O EL DELFÍN

Poseidón envió un delfín en busca de Anfítrite para desposarla. El delfín encontró a la ninfa y la llevó hasta él, quien como agradecimiento lo elevó a constelación.

23. DRACO

La constelación de Draco representa al dragón Ladón que custodiaba para Hera el jardín de las Hespérides. Heracles acaba con su vida en su undécimo trabajo y la diosa eleva al dragón al cielo en forma de una gran constelación. Conoce la historia completa en la página 216. En el planisferio podemos ver cómo Heracles (27) aparece pisando la cabeza al dragón.

24. EQUULEUS

Equuleus representa al caballo Celeris, regalo de Hermes a los dioscuros (26), Cástor y Pólux.

25. ERIADNUS

Eriadnus representa un río relacionado con Faetón, el hijo de Helios que tomó el carro dorado de su padre y no supo controlarlo. Puede representar el trayecto del carro, o el río que le da nombre a la constelación, el río Eridanus. Puedes conocer la historia de Faetón en la página 143.

26. GÉMINIS

La constelación de Géminis es una de las doce constelaciones zodiacales. Representa a los dioscuros, los gemelos Cástor y Pólux. Eran hijos de Leda. Leda tuvo relaciones con Zeus en forma de cisne y con su marido Tindáreo, por lo que Pólux, hijo de Zeus, era inmortal, y Cástor, hijo de Tindáreo, mortal. Por la metamorfosis que Zeus experimentó para seducir a Leda, en forma de cisne, se los suele representar con cáscaras de huevo a modo de cascos. Cástor y Pólux eran además hermanos de Helena y Clitemnestra. Cástor falleció en un accidente y Pólux rogó a su padre Zeus que convirtiera en inmortal a su hermano. Zeus respondió elevándolos a los dos al cielo como constelación.

27. HERACLES

Heracles, o Hércules para los romanos, fue elevado a constelación por los dioses debido a sus heroicas hazañas. Puedes conocerlas en el capítulo destinado a los héroes, encontrarás a Heracles en las páginas 197-221.

28. HIDRA

Hera transformó a la hidra de Lerna en constelación al ser derrotada por Heracles (véase la página 201). También puede hacer referencia a la costelación del mito del cuervo, Corvus (18).

29. LEO

La constelación de Leo representa al león de Nemea, hijo de Tifón y Equidna, el primer trabajo realizado por Heracles (véase la página 200).

30. LEPUS

Lepus es una pequeña constelación en forma de liebre que acompaña al cazador Orión.

31. LIBRA

Se trata de una de las constelaciones zodiacales, pero para los griegos la actual Libra se conocía como «las pinzas de escorpión». Fue Julio César en época romana quien decidió crear la constelación de la balanza en referencia a él mismo. Por este motivo, Libra es la única constelación zodiacal que no es un animal o criatura antropomórfica.

32. LUPUS O EL LOBO

Lupus o el Lobo representa a Licaón, rey de Arcadia que fue castigado por Zeus por su maldad convirtiéndolo en un lobo.

33. LYRA

Lyra representa la lira de Orfeo, cuyo mito e historia de amor con Eurídice puedes conocer en la página 290.

34. OFIUCO

Ofiuco representa a un cazador de serpientes (puede hacer referencia al episodio en el que Heracles mató una serpiente gigante en su servidumbre a Ónfale), pero también a Asclepio, hijo de Apolo y Corónide. Asclepio era tan diestro en el arte de la medicina que ofendió a Hades al poder resucitar a los muertos. Hades pidió a Zeus que restableciera el orden natural, por lo que el dios del rayo acabó con la vida de Asclepio, pero también lo elevó a constelación.

35. ORIÓN

El cazador Orión era un gran admirador de la diosa Artemisa. Según algunas versiones, la diosa se enamoró de él y su hermano Apolo, celoso, decidió retar a su hermana a acertar con sus flechas a un animal que se encontraba tan lejos que solo parecía un puntito en la distancia. Artemisa acertó por supuesto, pero se percató demasiado tarde del ardid de su hermano, ya que en realidad había disparado a su amado Orión, al que convirtió en constelación. Se lo distingue fácilmente en el cielo por su cinturón, formado por tres brillantes estrellas.

36. OSA MAYOR

La Osa Mayor representa a Calisto, transformada por Artemisa en osa tras ser violada por Zeus. También se conoce como Carro, nombre por el cual podemos encontrarla en la *Ilíada* de Homero.

37. OSA MENOR

La Osa Menor nos cuenta una historia muy similar a la de la Osa Mayor: una mujer es violada por Zeus y convertida en osa por Artemisa. Incluso, se cree que primero Zeus convierte a Calisto en la Osa Mayor y después Artemisa la transforma de nuevo en la Menor.

38. PEGASO

Caballo alado hijo de la gorgona Medusa y Poseidón, que nació del cuello de su madre cuando Perseo cortó la cabeza de esta. Descubre el mito completo en la página 189.

39. PERSEO

Uno de los grandes héroes antiguos, semidios hijo de Zeus y Dánae. En la constelación se lo representa ataviado con las armas que Atenea y Hermes le entregaron para enfrentarse a Medusa. Descubre su historia en la página 187.

40. PISCIS

Piscis es una de las doce constelaciones zodiacales. Los dos peces atados por la cola representan a Afrodita y al niño Eros, quienes con la intención de escapar de Tifón se convirtieron en sendos peces para fluir por el río y que el monstruo les perdiese la pista. Afrodita con un lazo ata su cola a la de su hijo para que la corriente no los separe. Afrodita ubicó este suceso en el cielo como regalo a su hijo.

41. PISCIS AUSTRINUS

Gran pez que se representa tragando el agua que arroja la constelación de Acuario. También se considera este «Gran Pez», como la conocían los griegos, el padre de los peces de la constelación pisciana (40).

42. SAGITARIO

La constelación de Sagitario es una de las doce constelaciones zodiacales. Representa a un centauro arquero, seguramente Quirón, pero existe cierta confusión respecto a la otra constelación que representa un centauro (14).

43. SAGITTA
Una de las constelaciones más pequeñas, representa una de las flechas de Apolo.

44. SCORPIUS O ESCORPIO
Escorpio forma parte de las doce constelaciones zodiacales. Representa al escorpión que fulminó al gigante cazador Orión (35). Conoce la historia de Orión en la página 123.

45. SERPENS O LA SERPIENTE
Se trata de la serpiente que agarra Ofiuco (34); se suele dividir en dos partes: Serpens Caput y Serpens Cauda. También está relacionada con el dios de la medicina Asclepio.

46. TAURO
Tauro forma parte de las doce constelaciones zodiacales y se trata de un regalo de Zeus a su amada Europa, a la cual raptó transformándose en toro (véase la página 72). Para conmemorar este suceso puso al toro en las estrellas.

47. TRIANGULUM O TRIÁNGULO
Constelación pequeña, pero brillante, en forma de triángulo isósceles que los griegos relacionaban con su letra «delta», que tenía forma de triángulo. Hermes colocó la brillante delta próxima a Aries (5), que no brillaba mucho.

48. VIRGO
Virgo forma parte de las doce constelaciones zodiacales. Esta constelación representa a Astrea, hija de Zeus y Temis. Astrea vivió entre los hombres para enseñarles a administrar justicia, pero más tarde ascendió a los cielos y tomó forma de gran constelación, una de las más brillantes del firmamento.

* * *

Algunas de las constelaciones representadas en este planisferio no cuentan con mito griego asociado, ya que son posteriores, no quedan definidas por Ptolomeo en su listado o bien no son reconocidas en la actualidad. Es el caso del navío Argos, en el cual Perseo y los argonautas surcaron el mar. Podemos verla numerada en la ilustración anterior como 49.

EL ESTUDIO DE LOS ASTROS

Si un hombre conoce con precisión todos los movimientos de todas las estrellas, del Sol y de la Luna […] y si conoce la naturaleza de los astros como resultado de un continuado estudio […] ¿por qué entonces no va a percibir respecto a cada individuo, según la situación de los astros en el momento de su nacimiento, las cualidades de su temperamento como, por ejemplo, si es tal y cual de cuerpo y tal y cual de alma, y predecir los sucesos que podrían ocurrir, por estar cierta configuración de los astros en armonía con ese temperamento y ser favorable a la prosperidad, y no estarlo otra configuración y conducir a la mala fortuna?

Son las palabras de Ptolomeo, astrónomo romano que realizó en el siglo II d. C. la rigurosa clasificación de las 48 constelaciones. En la Antigüedad no existía la distinción entre astrología y astronomía. Para los antiguos, un estudio riguroso y científico no estaba reñido con atribuir un simbolismo o explicación religiosa a un mismo suceso. Ambas visiones eran complementarias.

ANEXO

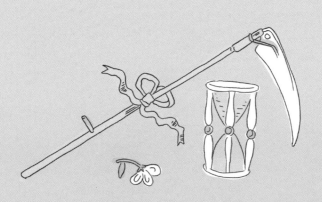

LA CASA DE ATREO

ZEUS + PLUTO

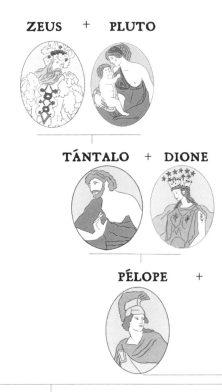

TÁNTALO + DIONE

PÉLOPE +

? + PITEO

ATREO + AÉROPE

EGEO + ETRA + POSEIDÓN

HELENA + MENELAO

HERMÍONE

HIPÓLITA + TESEO + FEDRA

HIPÓLITO   DEMOFONTE   ACAMANTE

ENÓMAO + **ESTÉROPE**

HIPODAMÍA

TIESTES + **PELOPIA**

AGAMENÓN + **CLITEMNESTRA**

EGISTO

ORESTES **ELECTRA** **IFIGENIA** **CRISÓTEMIS**

ZEUS + IO

EPAFO + MENFIS

LIBIA + POSEIDÓN

LA CASA DE
HERACLES

LÉLEGE   AGÉNOR   BELO + ANQUÍNOE

MUCHAS ESPOSAS + DANAO   EGIPTO + MUCHAS ESPOSAS

48 HIJAS   POSEIDÓN + AMIMONE   HIPERMESTRA + LINCEO

NAUPLIO   ABANTE + AGLAYE

*

* Continúa en la página siguiente.

Continuación:*

ABANTE + **AGLAYE**

PRETO + **ANTEA**

ACRISO + **EURÍDICE**

DÁNAE + **ZEUS**

ANDRÓMEDA + **PERSEO**

ALCEO + **?**

ESTÉNELO + **NÍCIPE**   **3 HIJOS MÁS**

ANFITRIÓN + **ALCMENA** + **ZEUS**   **EURISTEO**

IFICLES + **MEGARA** + **HERACLES** +   **OTRAS MUCHAS MUJERES**

3, 4 O 5 HIJOS   **LOS HERÁCLIDAS**

LA CASA DE EDIPO

ZEUS + IO

EPAFO + MENFIS

LIBIA + POSEIDÓN

ARES+AFRODITA   LÉLEGE   BELO   AGÉNOR + TELEFASA

HARMONÍA + CADMO   TASOS   FÉNIX   CÍLIX   EUROPA

EQUIÓN + ÁGAVE   ARISTEO + AUTÓNOE   ATAMANTE+INO

PENTEO   ACTEÓN   LEARCO   MENICERTES

ZEUS + SÉMELE

POLIDORO + NICTEIS

DIONISO

LÁBDACO + ?

LAYO + YOCASTA

EDIPO + YOCASTA

LA CASA DE
EDIPO (CONT.)

ANFIRAO + **ERÍFELE**

ANFÍLOCO

ALCMEÓN

DEMONASA + **TERSANDRO**

ZEUS+SÉMELE

POLIDORO+NICTEIS

DIONISO

LÁBDACO + ?

LAYO + YOCASTA

ADRASTRO + ANFITEA

EDIPO+YOCASTA

EGIALEO   ARGÍA + POLINICES   ETEOCLES   ISMENE   ANTÍGONA

ADRASTRO   TIMIA

LA CASA DE PRÍAMO

IDEA ESCAMANDRO

ATLAS

TEUCRO

ELECTRA + ZEUS

BATÍA + DÁRDANO

ILO

EURÍDICE + ILO

CLEOPATRA

GANÍMEDES

LAOMEDONTE + PLACIA

TITONO OTROS HIJOS PRÍAMO + HÉCUBA

ANDRÓMACA + HÉCTOR PARIS TRIOLO CASANDRA CREUSA

YASIÓN

RÍO SIMOIS

ERICTONIO + ASTÍOQUE

TROS + CALÍRROE

ASÁRACO + HIEROMNEME

TEMISTE + CAPIS

ANQUISES + AFRODITA

ENEAS   LIRO

DIOSES GRIEGOS Y ROMANOS
CORRESPONDENCIAS

La mitología griega y romana comparten similitudes en su panteón y en la personificación de la naturaleza. Sin embargo la romana suele estar más vinculada a la sociedad y la política e incluye otras influencias, como la etrusca. Muchos dioses griegos tienen equivalentes romanos. Destacan:

	Nombre griego	Nombre romano	Atributos
	Afrodita	Venus	Amor, belleza, sexo, atracción, rosas, perlas, delfines...
	Apolo	Apolo	Arte, música, Sol, profecías, medicina, poesía, lira.
	Ares	Marte	Guerra, campo de batalla, violencia, combates, fuerza.
	Artemisa	Diana	Caza, virginidad, naturaleza, ciervos, bosques, árboles...
	Asclepio	Esculapio	Medicina, curación.
	Atenea	Minerva	Sabiduría, estrategia militar, artes, artesanía.
	Cronos	Saturno	Titán padre de los dioses.

	Nombre griego	Nombre romano	Atributos
	Démeter	Ceres	Agricultura, cosechas, estaciones, fertilidad, tierra.
	Dioniso	Baco	Vino, fiesta, teatro, éxtasis.
	Irene	Pax	Paz.
	Enio	Belona	Guerra, destrucción.
	Eos	Aurora	Amanecer, aurora.
	Eris	Discordia	Discordia, rivalidad.
	Eros	Cupido	Amor, deseo, flechazos amorosos.
	Gea	Terra o Tellus Mater	Tierra, tierra.
	Hades	Plutón	Muerte, inframundo, riquezas.

	Nombre griego	Nombre romano	Atributos
	Harmonía	Concordia	Armonía, concordia.
	Hebe	Juventas	Juventud, copera de los dioses.
	Moiras	Parcas	Diosas del destino que cortan el hilo de vida de los mortales.
	Hefesto	Vulcano	Fragua, metalurgia, artesanía.
	Helios	Sol	Sol, día, luz diurna.
	Hemera	Dies	Luz diurna.
	Hera	Juno	Matrimonio, mujer, cuco.
	Hermes	Mercurio	Mensajes, comunicaciones, comercio, viajeros, ladrones.
	Hestia	Vesta	Hogar, fuego del hogar, fuego sagrado.

	Nombre griego	Nombre romano	Atributos
	Hypnos	Somnus	Sueño.
	Ilitia	Lucina	Maternidad, modestia.
	Perséfone	Proserpina	Primavera, reina del inframundo, estaciones.
	Poseidón	Neptuno	Mar, terremotos, caballos, maremotos.
	Selene	Luna	Luna, luz nocturna.
	Tique	Fortuna	Suerte, fortuna.
	Zeus	Júpiter	Cielo, rayo, rey de los dioses.
	Heracles	Hércules	Héroe conocido por sus doce trabajos.
	Odiseo	Ulises	Héroe ideólogo del caballo de Troya y protagonista de la Odisea.

BIBLIOGRAFÍA Y CONSIDERACIONES

Esta obra, *Mythos*, ha sido creada con la intención de ofrecer una panorámica general de la mitología griega. Las ilustraciones que aparecen en ella, sin embargo, las creé inspirándome en diferentes épocas y estilos. Así es como podemos encontrar a los dioses ataviados con trajes teatrales del siglo XVIII, a Orión luciendo unas Adidas Wales Bonner de leopardo o a varios personajes luciendo sandalias de Hermès. También aparecen en las ilustraciones elementos arquitectónicos que no pertenecen al periodo griego, como cúpulas y arcos, que fueron inventados por los romanos o navíos de diferentes épocas y estilos. Aunque los relatos aquí descritos están inspirados y tratan de ser fieles a las narraciones mitológicas originales, se han adaptado a un lenguaje coloquial y cercano al público actual.

Las obras consultadas en la creación de *Mythos*, y que si se pretende profundizar en la mitología clásica aconsejo explorar, son:

Clásicos:

Apolodoro, *Biblioteca mitológica*.
Esopo, *Fábulas*.
Esquilo, *Los siete contra Tebas*.
—, *Orestíada*.
Estancio, *Aquileida*.
Eurípides, *Las bacantes*.
—, *Electra*.
—, *Heracles*.
—, *Medea*.
—, *Helena*.
Hesíodo, *Teogonía*.
—, *Catálogo de mujeres*.
—, *Trabajos y días*.
Higinio, *Fábulas*.
Homero, *Ilíada*.
—, *Odisea*.
—, *Himnos*.
—, *Héctor*.
Platón, *El banquete*.

Séneca, *Tragedias*, volumen I.
Sófocles, *Edipo rey*.
—, *Antígona*.
Ovidio, *Metamorfosis*.
—, *Heroidas*.
Virgilio, *Eneida*.

Contemporáneos:

Agudo Villanueva, Mario, *Hécate. La diosa sombría*, Madrid, Dilema,
    2020.
Graves, Robert, *La guerra de Troya*, Barcelona, El Aleph, 2001.
—, *Los mitos griegos*, Barcelona, Ariel, 2012.
—, *Dioses y héroes de la antigua Grecia*, Barcelona, Austral, 2015.
Grimal, Pierre, *Diccionario de la mitología griega y romana*, Barce-
    lona, Paidós, 2010.
Johnston, Ian, «Las transformaciones en las *Metamorfosis* de Ovi-
    dio», Vancouver Island University.
Moya del Baño, Francisca, *Estudio mitográfico de las Heroidas de
    Ovidio*, Murcia, Ediciones de la Universidad de Murcia, 1969.
Ortiz García, Paloma, «La astrología en la Grecia clásica, más allá del
    horóscopo», *Historia National Geographic*, 2023.
Ruiz de Elvira, Antonio, *Mitología clásica*, Gredos, 2015.
Souvirón, Bernardo, *Hijos de Homero: Un viaje personal por el alba
    de Occidente*, Alianza, 2006.

Otros:

Baudelaire, Charles, *Las flores del mal*.
Blake, William, *Canciones de inocencia y experiencia*.
Dante, *La divina comedia*.
Rilke, Rainer Maria, *Elegías a Duino*.
Shakespeare, William, *Sueño de una noche de verano*.

Agradecimientos

A mi madre, por comprarme libros
de mitología cuando era pequeña
y así despertar mi interés en estas
cuestiones y otras muchas.
A mi familia, por soportar que durante
este año y pico soltara una referencia
mitológica cada tres minutos: «Esto me
recuerda a cuando Jasón…».
A las amistades que han sobrevivido
al proceso de creación de este libro.
A mis editores, por ampliarme el plazo de
entrega del manuscrito en varias ocasiones.
A las personas que me han inspirado
en mayor o menor medida
en el proceso.
Y, sobre todo, gracias
a mis lectores.

CARLOTA

Papel certificado por el Forest Stewardship Council®

Primera edición: septiembre de 2024

Printed in Spain – Impreso en España

ISBN: 978-84-666-7860-5
Depósito legal: B-10.362-2024

Compuesto en M. I. Maquetación, S. L.

Impreso en Gráficas 94, S. L.
Sant Quirze del Vallès (Barcelona)

BS 7 8 6 0 5